宫崎滔天家藏
民国人物书札手迹
（第八卷）

中国宋庆龄基金会研究中心 编

中国出版集团公司
华文出版社

图书在版编目（CIP）数据

宫崎滔天家藏民国人物书札手迹. 第八卷 / 中国宋庆龄基金会研究中心编. -- 北京：华文出版社，2021.1
ISBN 978-7-5075-5375-8

Ⅰ. ①宫⋯ Ⅱ. ①中⋯ Ⅲ. ①历史人物－手稿－收藏－中国－民国 Ⅳ. ① G262.1

中国版本图书馆 CIP 数据核字 (2020) 第 231921 号

宫崎滔天家藏民国人物书札手迹（全八卷）

编　　者：	中国宋庆龄基金会研究中心
责任编辑：	潘　婕
出版发行：	华文出版社
社　　址：	北京市西城区广外大街 305 号 8 区 2 号楼
邮政编码：	100055
网　　址：	http://www.hwcbs.com.cn
电　　话：	总编室 010-58336239　发行部 010-58336238　责任编辑 010-63429159
经　　销：	新华书店
印　　刷：	北京画中画印刷有限公司
开　　本：	889mm×1194mm 1/12
印　　张：	166.33
字　　数：	1436 千字
版　　次：	2021 年 1 月第 1 版
印　　次：	2021 年 1 月第 1 次印刷
标准书号：	ISBN 978-7-5075-5375-8
定　　价：	1999 元

版权所有，侵权必究

《宫崎滔天家藏民国人物书札手迹》(全八卷)编辑委员会

特别顾问：王家瑞　宫崎蕗苳（日）
顾　　问：章开沅　杨天石　宫崎黄石（日）　久保田文次（日）
主　　任：杭元祥
副 主 任：井顿泉　于　群
委　　员：唐九红　艾　多　陈爱民　宋　健　孙晓燕　李长莉　赵立彬

本卷执行编委

主　　编：艾　多
编　　辑：李　朋　赵　波

出版说明

宫崎滔天是日本熊本县人，早年受资产阶级民主思想的影响，追随孙中山支持中国民主革命。宫崎家藏大量中国近现代珍贵历史资料，一直未能公之于世，因而备受各界关注。

20世纪70年代末80年代初，中日史学界研究辛亥革命的学者，开展国际交流研讨的活动渐渐多起来。1981年，北京景山学校日语教师何子岚先生因与宫崎家熟悉的缘故，曾协助对其家藏的历史资料进行整理。同年10月，宫崎滔天的孙女宫崎蕗苳女士及其先生宫崎智雄教授应邀到中国参加纪念辛亥革命70周年大会，向大会赠送了一批家藏的文献资料，引起史学界的注意。1982年，著名历史学家刘大年先生致函宫崎蕗苳女士，提出与宫崎家合作整理、研究资料的建议，并指派中国社会科学院近代史研究所荣孟源先生推动，1985年荣先生不幸病逝，工作被迫中断。此后，中国学者陆续造访宫崎家，阅览资料并作了相关研究。黄兴、何天炯后人在与宫崎家的来往中，也曾获取这些资料的相关部分。1993年，宫崎蕗苳女士向历史学家章开沅先生初步透露希望系统整理与出版其家藏资料的意向。

2005年11月，中国宋庆龄基金会与中央电视台共同赴日本九州拍摄《寻访孙中山的足迹》文献片过程中，参观了宫崎兄弟的故居，了解到宫崎家藏资料的情况，感到对中国近代史研究具有重要意义，并感慨这批资料历经一个多世纪得以保存下来的不容易。2007年11月，在章开沅先生的帮助和引荐下，中国宋庆龄基金会正式启动了整理出版宫崎滔天家藏有关中国革命资料的项目。这一项目得到宫崎蕗苳女士、宫崎黄石先生及其夫人的大力支持，也得到了日本学者久保田文次、久保田博子夫妇的积极帮助。2011年，在辛亥革命百年之际，中国宋庆龄基金会将先期整理出来的部分资料汇集，由人民美术出版社出版了《宫崎滔天家藏——来自日本的中国革命文献》一书，受到海内外各界的关注与赞扬。2013年，为了推动这项工作的持续开展，中国宋庆龄基金会成立了"宫崎滔天家藏资料研究"项目组，制订规划、组织专人、明确任务，每年两次至三次派出工作组赴东京西池袋宫崎滔天旧居工作，对这些珍贵资料进行分类、编目、扫描等。同时，工作组坚持整理与保护并举的良好做法，认真持续地对文物原件采取防潮、防虫等保护措施，得到了宫崎家的进一步信任。2016年春，资料整理基本进入尾声，按计划进入编辑出版阶段。经过反复论证，确定了以《宫崎滔天家藏民国人物书札手迹》为书名，分八卷逐卷出版的方案。

《宫崎滔天家藏民国人物书札手迹》收录辛亥革命至民国期间，包括孙中山、宋庆龄、黄兴、廖仲恺、何香凝、宋教仁、何天炯、戴季陶、蒋介石、汪精卫、胡汉民、朱执信、于右任、黄复生、陈其美、李烈钧、谭延闿、邓恢宇、孙毓筠、吴玉章、陈独秀、李大钊、毛泽东、熊克武、但懋辛等近百位与宫崎家有书信往来的中国历史人物的相关资料，涵盖笔谈、信函、题词、手札等。资料集采用影印形式出版，由相关专家学者对原文进行释读。释读中，原文错字用〔 〕号，增补者用〈 〉标出，模糊不清或无法辨认者用□标示，汉字形式的日文在[ ]内标注中文含义，个别人物化名或指代名以编者注的形式在【 】内标出。关于资料编排，首先按资料类型区分，第一卷至第六卷为笔谈、信函，第七卷、第八卷为题词；其次按照资料涉及人物、数量等情况相对集中编于各卷，各卷中按人物姓名拼音首字母顺序排列，同一人物的按资料时间顺序排列，日期不详或无法考证的置于该人物末尾。由于编者水平所限，书中难免有错讹之处，敬请读者指正。

在宫崎滔天家藏资料整理与出版工作中，宫崎家一如既往地给予信任和支持，中国驻日本大使馆及日本宋庆龄基金会等机构积极协助，章开沅、金冲及、黄彦、尚明轩、步平、严昌洪、罗福惠、王晓秋、杨天石、汪婉、李长莉、赵立彬、何大章、陈红军、沈锡麟、彭剑、苏刚及久保田文次、久保田博子等中日两国专家学者进行热忱指导，中国宋庆龄基金会理事孙晓燕、中山大学历史系教授赵立彬、井冈山大学外国语学院霍耀林参与大量具体工作，于志强先生提供部分资助，中国出版集团和华文出版社给予大力支持，在此一并致谢。

编者

2020 年 11 月

序一

章开沅

我与宫崎家族可以说有天生的缘分。

小时候曾在父亲的书架上翻阅过《三十三年落花梦》，知道在日本曾经有位流浪武士，如同《隋唐演义》中的侠士虬髯客一样，把孙中山当作李世民式的明君，忠心耿耿帮助他发动辛亥革命，建立中华民国。

长大成人当上历史教师以后，由于研究辛亥革命，日本浪人与宫崎滔天成为绕不开的话题，对他有了更为具体的认知。但是在很长一个时期，由于中日已成敌国，所以从来不敢对这位东洋豪侠之士公开肯定。

直至"文化大革命"结束，中国进入改革开放的历史阶段，我们才有可能对宫崎滔天及其家族进行客观而较深入的研究。其实，就在"文化大革命"发动的那一年，即1966年春天，我差一点就与滔天的侄子世民见面。那时我被"纪念孙中山诞辰100周年筹备委员会"借调，参与出版孙中山、宋庆龄文集与征集史料方面的学术性工作，借住在白塔寺全国政协宿舍。宫崎世民正好也在北京友好访问，可能是想提供珍贵史料，急于与筹委会联络。当时北京市委已经成为批判对象，市内人心惶惶，筹委会又没有正式办公地点，及至找到我的住处，宫崎世民已经在飞机场候机返国，所以只能约定在机场见面。政协工作人员非常关切，赶紧派车送我到机场，但为时已晚，飞机即将起飞，那时又无手机，所以连说一句送别的话都无法实现。

1978年春，黄兴的女儿德华与丈夫薛君度到长沙访问，邀我共同探讨黄兴评价问题，宫崎兄弟自然成为重要话题。其时黄兴长子一欧因病住院，我们专程前往探访。他虽然高龄衰病，但谈起1907年至1911年年初寄住在宫崎家的往事，仍然充满依恋之情。感叹说："宫崎滔天已经去世50多年了，我虽已进入衰暮晚年，仍然时常想起这位和蔼可亲的长辈，他的音容笑貌，历历如在眼前。"那些年宫崎只顾为孙中山东奔西走，家中经济极为贫困，但滔天夫人宁可给亲生儿子吃杂粮，也要保证一欧吃米饭健壮成长，及时回国参加辛亥革命。

1978年春夏之交，日中友协（正统）奈良县本部名誉会长北山康夫先生来武汉访问，交流辛亥革命研究情况。我顺便介绍了一下一欧老人的回忆，他顿时激动起来，并把滔天当年主编的《革命评论》杂志送给我。据说整个日本能够完整保存下来的只有两套，这是他自己珍藏多年的纪念品。我认真阅读了这套杂志，内心非常感动，并借用该刊登载的中国留日革命志士的诗句"只教文章点点血，流作樱花一片红"，作为题目，写成一篇深情散文在《人民日报》（海外版）发表，公开表达了我对宫崎兄弟的崇敬之情。

日本史学界很多辛亥革命研究者看过这篇文章，所以1979年深秋访问京都大学时，狭间直树曾经陪同我前往熊本荒尾参观宫崎故居及家墓。家墓保存完好，旧居原貌仍存，引发我许多感慨。1981年日本举办纪念辛亥革命70周年国际研讨会，会后我与金冲及教授应荒尾市市长邀请，又专程前往拜谒这位日本先贤的故居及相关历史遗址，并且举办了盛大的公众集会，我与冲及发表了热情洋溢的讲话。

在此前一年，即1980年秋天，宫崎的孙女蕗苳率滔天会一行20余人访问中国，曾经专程来武汉与我晤谈。这是我与宫崎家族正式结交的开始。但彼此交往密切，相知渐深，却是在1993年夏季我滞留日本的两个多月期间。我与妻子不仅参加了滔天会的例行集会，而且再次比较从容地参观了东京宫崎故居收藏的宝贵文物与丰富文献。正是在此期间，蕗苳初步透露了这批历史文献的整理与出版的意向，由我回国寻求可靠的承办单位。日本东京女子大学久保田教授与宫崎蕗苳一家关系密切，其妻博子又是日本宋庆龄研究会的骨干，自愿担任日方的相关联络。回国以后，我立即与中国宋庆龄基金会通报此事，并且迅速得到他们的明确回复，决定承办宫崎家文献的影印出版事宜。经过多方努力与辛勤整理编辑，终于实现了我们多年的共同梦想，其丰硕成果就是由中国宋庆龄基金会研究中心主编，人民美术出版社于辛亥革命百年纪念期间隆重推出的《宫崎滔天家藏——来自日本的中国革命文献》，线装影印，装帧典雅，受到海内外各界人士的热情赞扬。

此书出版后，曾在北京隆重举办新闻发布会，我与宫崎蕗苳及黄石母子，还有久保田文次教授，再次在北京欢聚，洋溢欣慰之情。正是在这次会上，我倡议再接再厉，一鼓作气，把宫崎家藏全部与中国相关的历史文献加以整理，逐卷影印出版。当即得到与会者一致赞同，而更为可贵的是中国宋庆龄基金会的相关领导，深切理解这项编辑出版工程的重大意义与深远影响，立即开始运作，共同书写中日友好合作交流的新篇章。

经过宫崎家族与宋庆龄基金会的通力合作，宫崎家藏历史文献整理编辑工作有序高效推进。今年即可出版两卷，主要为宫崎滔天与孙中山、黄兴两人的来往函札。这是对孙中山150周年诞辰的最好纪念。作为此项重大工程的倡议者与参与者，能够亲眼看见多年梦想逐步化为现实，内心之喜悦难以言表，只能草成此序，略抒胸臆而已。

丙申仲秋于桂子山，年方九十

序作者为华中师范大学原校长、荣誉资深教授。

序二

杨天石

宫崎滔天是孙中山的亲密友人，和中国许多革命人士交往频繁，一生热诚支持中国革命，家藏大量相关信函、笔谈、照片等珍贵文物。2010年，为迎接辛亥革命100周年，中国宋庆龄基金会编辑并影印出版了孙中山与宫崎滔天的笔谈39枚、信函多通，受到世界中国近代史学界的广泛关注。2016年，为纪念孙中山诞辰150周年，宋庆龄基金会得到宫崎滔天后人授权，拟逐卷出版其全部家藏的中国革命人士的手迹等文物。这将为中国近代史的研究提供大批珍贵资料，是孙中山150周年诞辰纪念活动中最重要、最有光彩、最为学界关注的一笔。

宫崎滔天（みやざき とうてん 1871—1922），本名宫崎寅藏，一名虎藏，别号白浪庵滔天。出身于日本熊本县玉名郡荒尾村（今荒尾市）的"乡士"家庭（"武士寒门"）。有七个哥哥，三个姐姐，寅藏居末，与其兄宫崎八郎、宫崎民藏、宫崎弥藏四人，合称为宫崎兄弟。其中，八郎是日本自由民权运动的健将，1877年战死于反对封建藩阀的西南战争中；二哥民藏反对封建土地制度，倡导土地均分论，组织土地复权同志会，是日本提出土地问题的先驱；三哥弥藏认为当时的世界"弱肉强食"，"强者逞暴，日甚一日，弱者的权利与自由，一天天地丧失殆尽"，"必须速谋恢复之策"。三位兄长的思想都给了滔天以深刻的影响。

滔天幼年随父亲宫崎长藏学习剑术，后就读于德富苏峰所办大江义塾和中村正直所办同人社。1886年，转入东京专门学校（今早稻田大学）英语科，开始关注亚洲的革命运动。1888年，弥藏对滔天说：要防止黄种人永远遭受白种人的压迫，"这个命运的转折点，实系于中国的兴亡盛衰"，"倘若中国得以复兴，申大义于天下，则印度可兴，暹罗、安南可以奋起，菲律宾、埃及也可以得救"，将"广泛地恢复人权，在地球上建立一个新纪元"。弥藏建议深入中国内地，遍访英雄，共图大事。如果找到治世豪杰，就愿效犬马之劳。弥藏的思想自此成为滔天"一生进路的指南针"。后来，滔天又在此基础上进一步扩展为"世界维新，欲行天道于此邪恶世界"。他在给妻子的信中表示："我们的朋友是穷人、乞丐，我们的敌人是君王、贵族、地主和富翁。我们势非与社会的最强者搏斗不可。"

1891年5月，滔天初访中国上海，无所成。1897年7月，滔天与平山周等经由犬养毅斡旋，得到日本外务省的资助，来华考察秘密结社。1897年9月，滔天与平山周在横滨陈少白的家中见到孙中山，孙阐述了自己的革命主张，认为"共和政治"为"政体之极则"。滔天对孙中山大为倾倒，感慨地写道："孙逸仙实在已接近真纯的境地。他的思想何其高尚，见识何其卓越，抱负何其远大，情念何其切实。在我国人士之中，究竟有几个如他？他实在是东方的珍宝。"自此，滔天就将自己振兴亚洲和振兴中国的希望寄托于孙中山身上。他不仅将孙中山引荐给犬养毅等日本政治、经济界要人，而且将孙中山所写《伦敦蒙难记》译成日文，改题《清国革命领袖孙逸仙幽囚录》，亲撰按语，在福冈的《九州日报》上连载。这样，孙中山在日本的影响就日渐扩大。

1898年戊戌政变发生，滔天护送逃亡香港的康有为到达日本，奔走于孙中山与康有为及其弟子梁启超之间，力图劝说两派联合，共同反对清朝政府。1899年11月，滔天协助毕永年等人，将兴中会、哥老会、三合会三派联合，成立兴汉会，推举孙中山为会长。1900年6月，滔天陪同孙中山等人自日本乘轮南下，企图乘北方发生义和团运动之机，以江苏、广东、广西等南方六省为基础，建立共和政体。滔天亲到广州，与李鸿章的代表刘学询谈判，实行两广独立；又到新加坡，企图劝说康有为"复建共和之旗帜，握手协力"。康有为怀疑滔天为刺客，向英国殖民当局控告，滔天被捕。孙中山得知，从西贡赶来营救。10月，滔天参与惠州起义，负责从日本调运原菲律宾独立军所留弹药，由于政客和商人的欺骗舞弊，均为废物。11月7日，起义失败，滔天返回日本。他穷困潦倒，又不愿从政府的对华间谍组织获取经费，转职成为浪花节艺人，到日本各地演唱，筹措革命经费。他曾对家人说："我能挣到革命的经费，而无法挣到养家的经费，万分地抱歉，请你们自食其力吧。"

1902年，滔天出版自传《三十三年之梦》，其中《兴中会首领孙逸仙》一章详述孙中山的革命经历。孙中山为该书作序，称滔天为"今之侠客"，"识见高远，抱负不凡，具怀仁慕义之心，发拯危扶倾之志。日忧黄种陵夷，悯支那削弱，数游汉土，以访英贤，欲共建不世之奇勋，襄成兴亚之大业。闻吾人有再造支那之谋，创兴共和之举，不远千里，相来订交，期许甚深，勖励极挚。"该书1903年由章士钊节译，以《大革命家孙逸仙》为名出版，随即"风行天下，人人争看，竟成鼓吹革命之有力著述"。

1903年之后，中国内地的爱国青年纷纷赴日留学，滔天热情接待、联络。1905年7月，滔天陪同孙中山会见黄兴，"谈论极合"，一见如故。不久，再次陪同孙中山访问《二十世纪之支那》杂志社，会见湖南革命志士陈天华与宋教仁。同月30日，参加中国各省志士在东京赤坂区黑龙会会所举行的会议，决定成立新的革命团体。8月13日，参加中国留日学生在东京富士见楼举行的欢迎孙中山会，与日人末永节二人先后发表演说。8月20日，以孙、黄为核心的中国同盟会成立，滔天成为第一批外籍会员。11月26日，同盟会机关刊物《民报》创刊，公开提出民族、民权、民生三大主义，滔天的住宅成为其最早的发行所。为了与《民报》呼应，滔天创办日文杂志《革命评论》。在第4号上以头版刊登孙中山的大幅照片，同时刊登滔天所写文章《志士的风骨》，介绍孙中山的事迹和为人。第7号上发表《支那革命殉难者小传》，纪念史坚如、邹容、陈天华、吴樾等烈士。1906年7月15日，章太炎出狱，到达东京，中国革命党人在锦辉馆召开欢迎大会，滔天发表演说，声称世界专制之国，存于今日者只有中国及俄罗斯，"然俄于近年民党进步至锐，旦夕将达其目的，贵国宁能无动乎？"

孙中山在日本东京期间，曾将联络、运动日本各方的工作委托滔天。1907年，支持中国革命的平山周、北一辉、和田三郎几个日本人士之间发生矛盾，孙中山于9月13日致函滔天，委托其全权办理在日本的"筹资、购械、接济革命军"以及与出资者谈判等各方面的工作。函称："专托足下一人力任其难，如有所商酌，可直接函电弟处。"由此可见孙中山对滔天的高度信任。1909年，滔天的经济愈加困难，生活陷于绝境，东京赤坂警察署的署长企图乘机收买滔天，要他提供中国革命者的情报，被滔天愤然拒绝。孙中山作书致谢。函称："足下为他国事，坚贞自操，艰苦备尝如此，吾人自问，惭愧何如！"

滔天和黄兴也情谊深厚。1907年，黄兴将儿子一欧寄养于滔天家。1908年7月，黄兴到东京，与滔天"天天有来往"。当时，滔天全家吃豆腐渣过日子，却设法借债让黄兴吃白米饭。1910年2月，黄兴为在中国南方发动起义，委托滔天在日本招募步兵、炮兵、工兵官佐。滔天为此运动长谷川大将，陆军大臣寺内正毅乘机派亲信随滔天到香港考察，黄兴作诗赠滔天，表达"百万雄师直抵燕"的热切愿望。同年，滔天被日本政府列为甲号社会主义者，受到严密监视。1911年4月，孙中山听到滔天"贫而病"，从加拿大寄款慰问。

1911年10月10日，武昌起义。10月17日，滔天参加在东京日比谷公园举行的浪人会，主张日本"绝对中立"，反对政府乘机侵华，干涉中国内政。11月15日，滔天挪借旅费来华，准备西上汉阳，接到孙中山约见的电报后立即赶到香港，与孙中山同轮赴沪。1912年元旦，参加孙中山就任临时大总统典礼。为了解决北伐清廷所需军费，滔天等人介绍孙中山向日本三井财阀借款，最终未能成功，孙中山不得不接受袁世凯所提出的和议。8月，孙中山应袁世凯之邀北上，电告滔天，称袁世凯将授予滔天以米谷输出权，滔天以渴不饮盗泉之水自励，加以拒绝。9月1日，滔天与何天炯、邓恢宇等人共同创办中日文并用的《沪上评论》，倡导发展中日友好。10月，离华回国。

1913年3月，孙中山访问宫崎家乡，在致词中盛赞宫崎弟兄"竭尽全力"支持中国革命的精神，祝愿两国的友谊"能如吾等之君子之交"，"携手共进，和睦友善"。同月20日，宋教仁在上海遇刺，孙中山从日本匆匆回国，发动"二次革命"，滔天参与筹划。"二次革命"失败，孙中山、黄兴之间意见分歧，革命党人中出现严重分裂，滔天力图化解孙、黄两派之间的矛盾。1915年10月25日，出席孙中山与宋庆龄的婚礼。1915年，滔天为改变大隈重信内阁的对华政策，反对袁世凯，支援孙中山，曾试图参政。他在犬养毅、头山满、寺尾亨、阪本金弥等人的推荐下，设立事务所，竞选众议院议员，孙中山曾驰书鼓励，赞美滔天为"真爱自由平等博爱之人"。

1916年5月，滔天再次到上海，和钮永建等计议向日本财阀久原房之助借款，发动讨袁军事。同年10月31日，黄兴逝世，滔天"痛心欲绝"，"大哭特哭"。1917年4月，长沙各界公葬黄兴、蔡锷，滔天不远万里，临穴送棺。当时正在湖南第一师范读书的毛泽东和萧三受到感动，联名求见滔天，称赞他"高谊贯于日月，精神动乎鬼神，此天下所希闻，古今所未有也"。4月1日，滔天到第一师范演讲，继续呼吁振兴亚洲。同年9月，孙中山在广州就任军政府大元帅，颁布讨伐段祺瑞令，命何天炯赴日，通过滔天争取财政援助。曾谋划开采广东汕头和安徽芜湖附近的铁矿和煤矿。此后的几年间，滔天及其夫人槌子一度热衷于联络革命党人邓恢宇等，投资矿业和米业。

1918—1921年，滔天为《上海日日新闻》撰写大量时评，抨击日本的军国主义与侵略扩张政策，主张日本应同各国发展相互平等的关系。他尖锐批评寺内正毅内阁的援助段祺瑞、压迫南方政府的外交政策。

1921年2月，孙中山授意何天炯邀请滔天访粤。3月12日，滔天与另一位支持中国革命的萱野长知在广州会见孙中山，孙中山仍然希望滔天代为向日本资本家借款。滔天返日后，积极进行，使孙中山无比感动，称滔天为"岁寒松柏"，"其人格尤苍健无匹"。次年12月6日，滔天因肾病和尿毒并发症逝世于日本东京，享年51岁。孙中山驰电："惊悉滔天同志去世，谨致哀悼之意！"1923年1月，孙中山领衔发起，在上海召开追悼大会，赞誉滔天为"日本之大改革家"，"对于吾国革命历史上，尤著有极伟大之功勋"。其骨灰分葬于故乡熊本县荒尾市与新潟县保仓村显圣寺。

宫崎滔天家藏中国革命人物的书简、手迹和实物。其中，属于孙中山与国民党系统的有孙中山、黄兴、宋教仁、胡汉民、朱执信、廖仲恺、张继、李烈钧、章太炎、何天炯、邓恢宇、陈去病等，后来成为中共领导人的有陈独秀、李大钊、毛泽东、吴玉章等，属于文化、艺术系统的有鲁迅、田汉等，总数约近百人，均弥足珍贵。1985年6月，我访问东京，曾由日本学者久保田文次、藤井昇三陪同，访问滔天旧居，蒙宫崎智雄、宫崎蕗苳夫妇热情接待，出示部分珍贵资料，并在孙中山手书的"推心置腹"四字匾额下合影，彼时情景，至今感念不忘。京都大学小野川秀美教授藏有何大炯、邓恢宇致滔天函复印件多份，我承该校狭间直树教授赐赠，又蒙宫崎夫妇惠允利用，陆续写成《何天炯与孙中山》《邓恢宇与宫崎夫妇》两篇论文。当时，颇以未窥全豹为憾。现在，滔天家藏的这些珍贵资料陆续全部出版，这是中日学界的大事、喜事，相信必将大为推动中国近代史和中日关系史的研究。

2016年8月写定于北京东城之书满为患斋

序作者为中国社会科学院荣誉学部委员、中央文史研究馆馆员、近代史研究所研究员、国家图书馆民国文献保护工程专家委员会顾问。

序三

久保田文次（日）

宫崎滔天（1871—1922），本名虎藏，通称寅藏，出身于今熊本县荒尾市乡士（居住乡村的武士）兼大地主家庭。全家人皆仁慈厚爱，且具反潮流精神。长兄八郎曾参加明治维新及自由民权运动，追随西乡隆盛战死沙场。民藏继为长兄，因同情佃农开展"土地复权"运动将土地有偿转让给他们。次兄弥藏反对俄罗斯及欧美各国入侵亚洲，为保日本独立，明治维新后随即主张国力尚不完备的日本给予朝鲜、中国协助。因为朝鲜、中国均尚贫弱，两国若不经改革乃至革命，即无法与日本携手合作，也不足以抵抗欧美。弥藏为寻求主张改革的中国志士开始学习中文，并于1895年在横滨与孙文、陈少白相识，1896年不幸病故。滔天赞同弥藏联合亚洲的主张，于1897年9月自香港回国抵达横滨后径直前往中华街陈少白寓所，陈未在，仅一身材矮小的西洋式绅士在场，正是弥藏多方寻访的孙文本人。初识之孙文与滔天想象的伟岸、美髯、善"高谈壮语"的"东洋豪杰"形象相差甚远，故心存疑虑。孙文就中国现状与革命理想谆谆如处女般谈起，继而"挥洒如脱兔"。滔天为孙文的激情折服，且感意气相投，自此，终生成为中国革命的援助者。

宫崎滔天投身孙文革命运动的同时，不断将孙文本人及革命运动的情况发表于报纸杂志。其最大功绩莫过于1902年于其自传《三十三年之梦》中系统介绍了孙文其人及思想活动，为世界首次。该书翌年经章士钊《孙逸仙》、金天翮《三十三年落花梦》抄译，为中国人民了解近代革命家孙文做出重大贡献。1905年经滔天斡旋，孙文与黄兴相识并共创中国同盟会，继而滔天与萱野长知共同创刊《革命评论》以声援中国革命。同时协助武器购买及资金筹集等具体事务，并积极向孙文等介绍日本政治家、外交官、军人、舆论人。其间与犬养毅及头山满也建立起密切关系。辛亥革命爆发时，滔天亲往上海支持孙文。之后亦不断给中国革命以支援，一贯对日本武断的对华政策加以批判。

滔天身为"浪人"并无固定职业，唯一收入来自报纸杂志和"浪曲师"等的稿费。多亏妻槌子揽女红活贴补，方可维持家计。并不富裕、"勉强度日"中，不仅接待孙文、黄兴、宋教仁，还款待过许多当时尚无名气的年轻革命者们。槌子十分理解滔天的事业，每每亲自接待中国来客。长子继承家业是日本的家族原则，滔天的兄长民藏理解并支持弟弟对中国革命的付出，乐于与留宿滔天家的中国志士交流。槌子之姐前田卓子是日本著名作家夏目漱石小说《草枕》女主人公原型，因婚姻失败前往东京，在同盟会机关报《民报》社居住并工作，被爱称为"民报祖母"。槌子的弟弟前田九二四郎亦曾参加革命活动。

滔天长子宫崎龙介（1892—1971）毕业于东京帝国大学法学部，是"大正民主运动"领袖吉野作造的门生，理解中国"五四"运动，与陈独秀、李大钊有亲密交往。龙介曾一度接近蒋介石，对日本的侵略政策一贯持批判态度，第二次世界大战后为和平运动及日中友好运动做出贡献，并长期致力于宫崎家藏资料的保护与整理。龙介女儿蕗苓之夫宫崎智雄是早稻田大学教授，在有识者何子岚的协助下倾心整理、挖掘家藏资料，并在与何天炯后人交流中提供并公开资料。

黄兴1904年11月亡命日本时立即拜访滔天，在推动同盟会翌年成立的过程中与滔天交往密切。滔天爱慕黄兴的质朴，将黄兴之子黄一欧、黄一中、黄乃接来日本读书，两家交往。滔天东京居所的取得也得益于黄兴的帮助，双方"情谊"深厚。尽管滔天无比仰慕孙文，但对孙文某些独裁倾向持批判态度。特别是在中华革命党成立前后的孙黄对立中竭尽调停之力，之后对孙文一如既往地支持，对黄兴的同情也不加掩饰。此次全集的编辑出版，恰将印证滔天与黄兴一家的亲密关系。

滔天与孙文、黄兴的友谊世人皆知，但最得滔天一家关照过的是宋教仁。宋教仁日记《我之历史》已成为记录宋本人及孙、黄等人活动的重要史料。谨此引用一段宋日记中描绘滔天一家接待中国人的段落。宋教仁于1905年7月19日与程家柽（润生）一同初次拜访宫崎家，记为"既抵滔天君家、则滔天已外出、惟其夫人在、速客人、属待之、余等遂坐。良久、一伟丈夫、美髯椎髻、自外昂然入、视之则滔天君也、遂起与行礼。润生则为余表来意、讫、复坐。滔天君乃言孙逸仙君不日将来日本、来时余当为介绍君等云云。又言君等生于支那、有好机会、有好舞台、君等须好为之、余日本不敢望其肩背、余深恨余之为日本人也"。滔天对得遇机会、舞台的中国革命家的羡慕之情可见一斑。之后，滔天参与协商黄兴及华兴会与孙文的合并，正是由于滔天的斡旋，事态快速进展，至8月20日中国同盟会成立大会召开。

同年9月17日宋教仁与张步青等友人共同拜访宫崎家，日记为"既至、坐良久、滔天出酒肴共啖之、余举杯连饮、少焉稍有醉意、乃放声唱湖南之新剧、滔天亦击节而歌、步青亦作鄂调、举坐殆若狂。良久、滔天之夫人内田氏（应为前田氏）亦出而举酒属客、余一饮而尽者数杯。又移时、余乃醉矣、呕吐满地、颓然横卧、迨至戌初、步青乃呼醒余、乃共辞归"，主客相融的气氛溢于言表。如此场景宋教仁日记多有记录，如实描绘了滔天一家对中国青年革命者们的热情接待。

宋教仁曾从事《民报》工作，与前田卓子同事。宋患有神经性疾病，卓子非常关心其健康，帮助宋治疗坐骨神经痛，宋自田端脑病医院出院后，卓子建议宋去其九州娘家疗养。最终，经黄兴建议暂住新宿滔天家静养。宋教仁记有1906年10月5日下午4时到达宫崎家时的情景，"宫崎之夫人即为余扫除房间、少时余之行李亦运、遂搬入焉。其房在其家屋深处、有窗临街、颇可居也。宫崎氏有子二人、长名龙（龙介）、次名震（震作）、女一名节（节子）、夫人前田氏和坦可亲、其家庭之乐甚足羡"。宋教仁在宫崎家养病期间迎来《民报》创刊一周年大会，1907年元旦与滔天、萱野长知等对酒迎新，1月7日为代理即将远赴越南的黄兴的同盟会庶务干事一职搬入黄兴租住居所。如此打扰过宫崎一家的宋教仁直接史料，在宫崎家史料中却所见不多。不过宋教仁、何天炯、张继与盛装的前田卓子、福田内子（《民报》职员，滔天同乡）的合影照片"民报社的人们"可见。据宋教仁日记，1906年3月1日何天炯、前田等聚会为即将赴中国东北的张继饯行，2日特前往照相馆合影留念。宋教仁直接史料虽然不多，但宋日记却记录宋教仁本身和同盟会动态的同时，还如实记录了滔天一家对中国革命者、留学生的热情接待，是珍贵史料。

为张继饯行并参加合影留念的何天炯也是频繁到访宫崎家的中国人之一，他致滔天信函逾百封。宫崎家藏滔天收讫信函中，包括日本人在内，来自何天炯的堪称最多。如杨天石、狭间直树所说，何天炯有着敢于向孙文谏言的骨气，宫崎家藏数十位同志题跋签名的大幅横轴，正是为何天炯书法"文章有神交有道……"所题。何天炯书简预计由李长莉编辑出版为《何天炯集》，百余封信函的分析对孙文研究、辛亥革命研究具有重要意义。

宫崎家不仅藏有上述孙文、黄兴、宋教仁、何天炯资料，还藏有其他众多中国革命运动领导人、参与者的信函、随笔、书画、照片、名片等大量史料。以往出版过的《孙中山全集》《国父全集》《黄兴集》《黄克强先生全集》等不曾收录的资料此次亦有相当补充。宫崎家史料或多或少涉及的主要人物除上述人物还有以下诸位，恕不分排名先后：孙科、宋庆龄、陈少白、赵声、章炳麟、蔡元培、汪兆铭、胡汉民、陈其美、李烈钧、柏文蔚、谭延闿、孙毓筠、许崇智、朱执信、廖仲恺、何香凝、戴季陶、于右任、黄复生、章士钊、蒋介石、陈诚、谢持、吴玉章、董必武、熊克武、但懋辛、邓铿、胡毅生、景梅九、林义顺、韩恢、凌钺、白逾桓、邓恢宇、陈家鼎、何树龄，以及毛泽东青年时期致滔天信函。与龙介相关史料涉及鲁迅、陈独秀、李大钊、周恩来、廖承志、田汉、康白情，等等。中国近代史上熠熠生辉的人物在宫崎家藏史料中如星罗棋布。仅一个家族所藏涉及如此众多历史人物，在泱泱中国也不多见。

这些历史人物都是身后扬名，滔天一家招待时都还是无名且前途无从预测的青年，无论是蒋介石还是毛泽东。我只有无比钦佩滔天一家对这些无名青年的期待乃至招待。能为世界留下如此大量的重要且珍贵的史料无不源自那些日常招待。还应该说，正是有了滔天与槌子、龙介与白莲、智雄与蕗苓、黄石与博子历代继承者的精心保管、整理，才使得本资料全集的出版成为可能。

我本人原本不是孙文研究者，多年协助刘大年先生等中国学者访问宫崎家之余，通过宫崎智雄先生将发现龙介与宋庆龄往来信函告知久保田博子事，对滔天自身产生浓厚关注，并开始协助中国宋庆龄基金会整理资料。可以说每次拜访宫崎家都有令我激动的新发现。值此基金会的资料整理告一段落，开始出版八册全集之际，唯有无限感慨。衷心感谢宫崎一家及中国宋庆龄基金会给予我们夫妇如此巨大的学习机会。

2016年9月

序作者为日本女子大学名誉教授。

目　录

1. 黎仲实题字　　　　　　　　　　　　　　　/1
2. 李烈钧题字（1924年）　　　　　　　　　　/3
3. 李烈钧题字（1924年）　　　　　　　　　　/5
4. 李烈钧题字（1924年）　　　　　　　　　　/7
5. 李烈钧题字　　　　　　　　　　　　　　　/9
6. 李烈钧题字　　　　　　　　　　　　　　　/11
7. 李肇甫题字　　　　　　　　　　　　　　　/13
8. 李执中题字　　　　　　　　　　　　　　　/15
9. 廖仲恺题字　　　　　　　　　　　　　　　/17
10. 廖仲恺题字　　　　　　　　　　　　　　/19
11. 廖仲恺题字　　　　　　　　　　　　　　/21
12. 林德轩题字　　　　　　　　　　　　　　/23
13. 凌叔华题字　　　　　　　　　　　　　　/25
14. 凌钺题字　　　　　　　　　　　　　　　/27
15. 刘纯一题字（1931年）　　　　　　　　　/29
16. 刘天猛题字　　　　　　　　　　　　　　/31
17. 刘显世题字　　　　　　　　　　　　　　/33
18. 刘永栋题字　　　　　　　　　　　　　　/35

19. 鲁拓滨题字 /37
20. 鲁迅题字（1931年） /39
21. 鲁迅题字（1931年） /41
22. 鲁瀛题字（1929年2月16日） /43
23. 路孝忱题字 /45
24. 罗家伦题字 /47
25. 罗剑仇题字 /49
26. 吕丹书题字 /51
27. 马君武题字 /53
28. 马刘宪英题字 /55
29. 梅米城书画（1933年） /57
30. 末永节题字 /59
31. 彭寿松题字 /61
32. 钱抱儒题字 /63
33. 钱抱儒题字 /65
34. 钱大均、陈诚题字 /67
35. 钱通题字（1915年） /69
36. 饶景铭题字 /71
37. 神景鹏题字 /73
38. 孙湜题字 /75
39. 孙毓筠题字（1918年） /77
40. 孙毓筠题字 /79
41. 孙毓筠题字 /81
42. 孙中山题字 /83
43. 孙中山题字 /85
44. 孙中山题字 /87
45. 谭延闿题字（1917年） /89
46. 谭延闿题字 /91

47. 田汉题字 /93

48. 田汉题字（1927年） /95

49. 田桐题字 /97

50. 田桐题字 /99

51. 田桐题字 /101

52. 田桐题字 /103

53. 王大桢题字 /105

54. 王大桢题字 /107

55. 王侃题字 /109

56. 吴庚鑫题字（1929年） /111

57. 吴铁城题字（1927年） /113

58. 吴铁城题字（1927年） /115

59. 吴铁城题字（1927年） /117

60. 吴铁城题字（1927年） /119

61. 向传义题字 /121

62. 新之题字 /123

63. 熊斌题字（1927年） /125

64. 熊斌题字（1927年） /127

65. 杨守仁题字 /129

66. 杨兆南赠宫崎滔天书画（1914年3月） /131

67. 叶雪汀题字 /133

68. 尹骞题字（1911年） /135

69. 于右任题字 /137

70. 喻熙杰题字（1943年？） /139

71. 喻熙杰题字（1943年？） /141

72. 曾继梧题字 /143

73. 张继等人题字（1916年） /145

74. 张继题字（1917年） /147

75. 张继题字（1927年） /149

76. 张继题字（1927年） /151

77. 张继题字（1927年） /153

78. 张继题字（1927年） /155

79. 张继题字（1927年） /157

80. 张继题字 /159

81. 张继题字 /161

82. 张继题字 /163

83. 张继题字 /165

84. 张继题字 /167

85. 张继题字 /169

86. 张其昀题字 /171

87. 张群题字（1917年） /173

88. 张群题字（1917年） /175

89. 张群题字（1927年） /177

90. 张群题字（1927年） /179

91. 张群题字 /181

92. 张群题字 /183

93. 张翼鹏题字 /185

94. 章炳麟题字（1921年） /187

95. 章炳麟题字 /189

96. 章炳麟题字 /191

97. 章士钊题字（1955年5月） /193

98. 章士钊书画（1955年） /195

99. 周震麟题字 /197

100. 周震麟题字 /199

101. 周植曾题字 /201

102. 朱执信题字 /203

103. 朱执信题字 /205

104. 邹鲁题字（1927年） /207

105. 陈其美、戴季陶、胡汉民题字（1915年） /209

106. 陆鸿逵、张孝准题字 /211

107. 中印青年同志会筹备委员会挽联 /213

108. 十人题字（1929年12月21日） /215

109. 众民国人物题字 /217

110. 众民国人物题字 /223

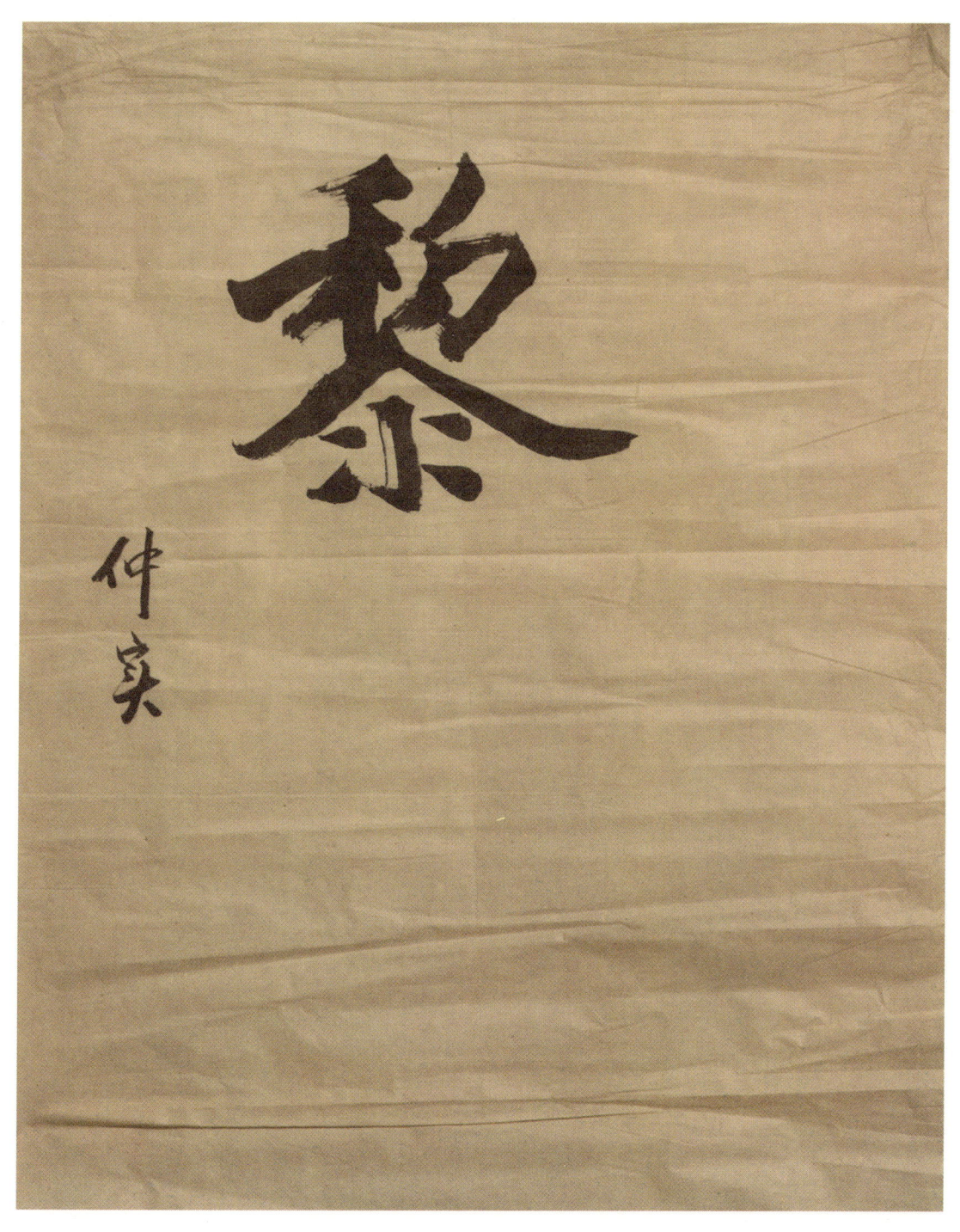

黎仲实题字

宫崎滔天家藏民国人物书扎手迹（第八卷）

释读

黎 仲实

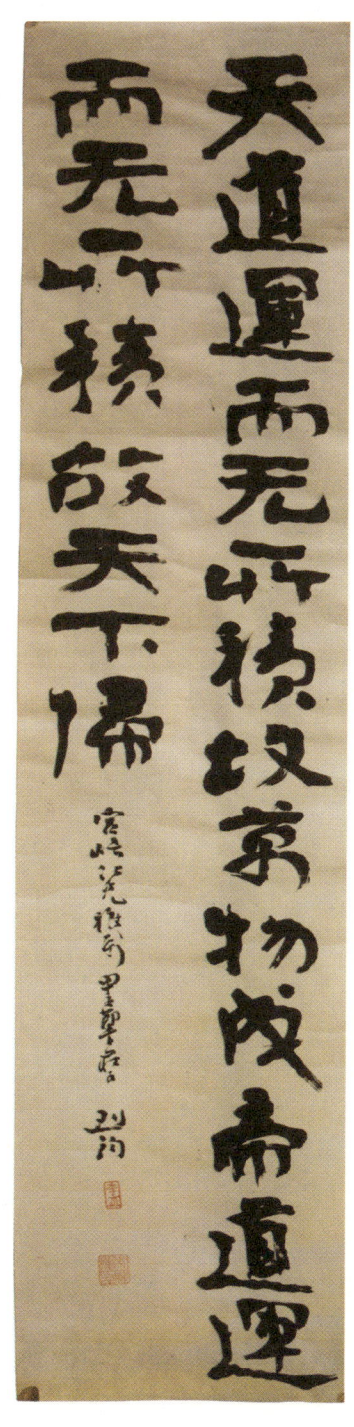

李烈钧题字（1924年）

宫崎滔天家藏民国人物书札手迹（第八卷）

释读

  天道运而无所积，故万物成。
  帝道运而无所积，故天下归。
   宫崎仁兄雅属　甲子节录《庄子》
         烈钧

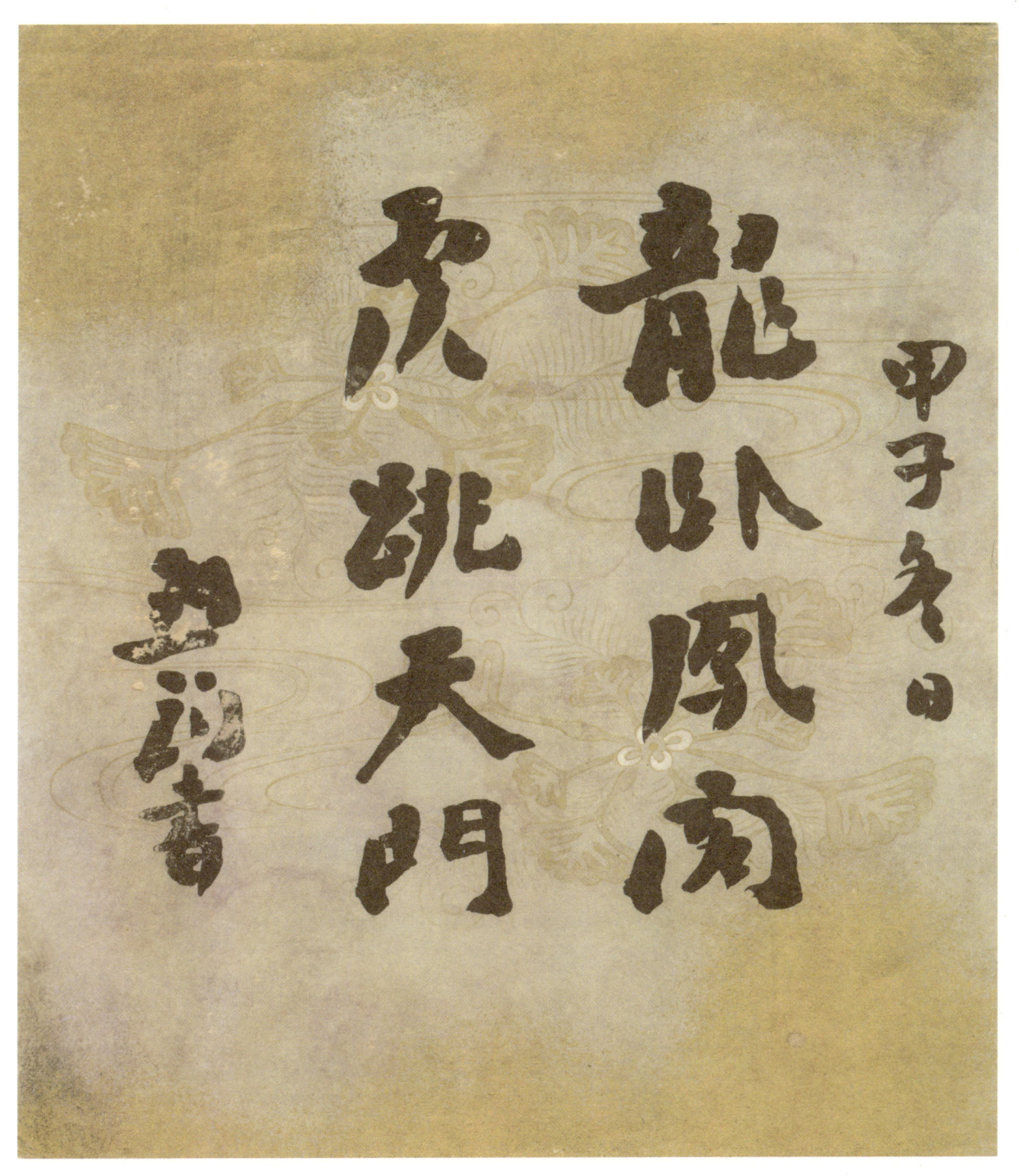

李烈钧题字（1924年）

释读

　　龙卧凤阁，虎跳天门
　　　　　甲子冬日　烈钧书

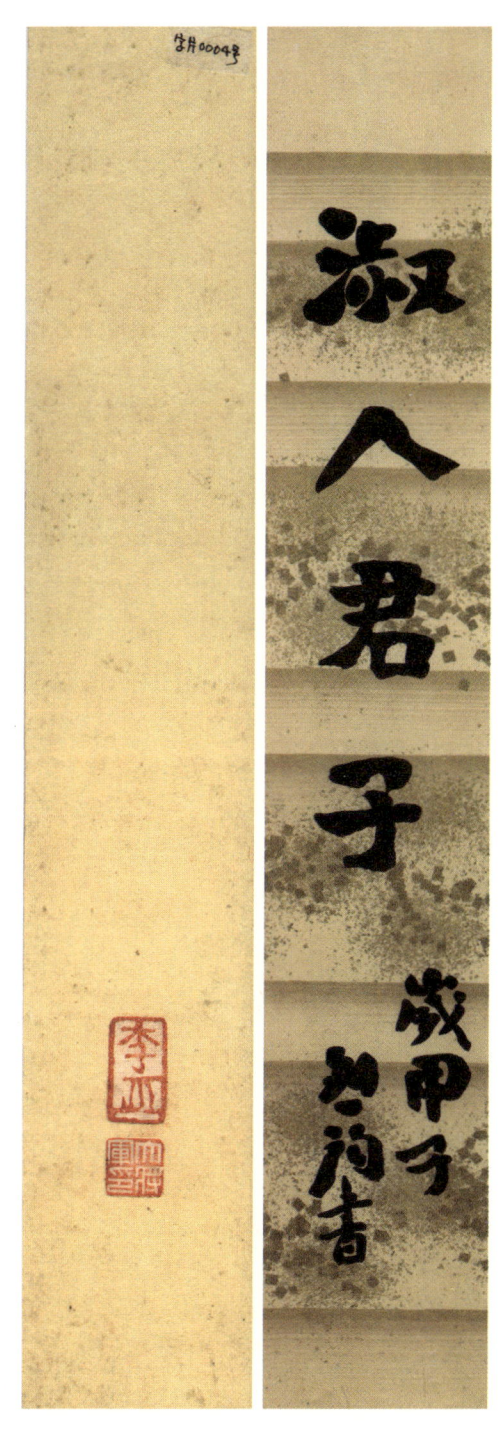

李烈钧题字（1924年）

释读

淑人君子

　　岁甲子　烈钧书

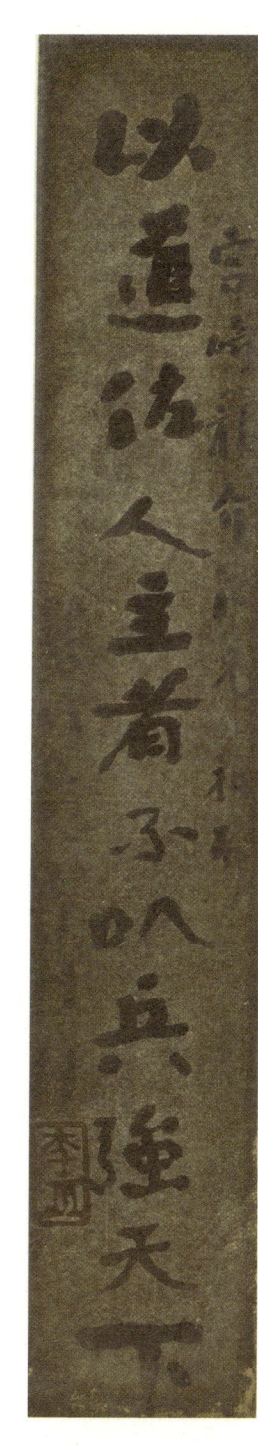

李烈钧题字

释读

以道佐人主者，不以兵强天下。
  宫崎龙介仁兄雅属
      李烈钧

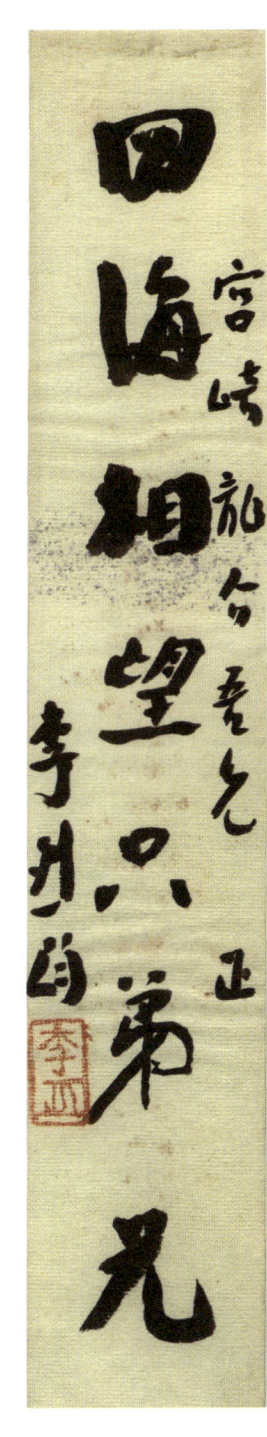

李烈钧题字

宫崎滔天家藏民国人物书札手迹（第八卷）

释读

　　四海相望只弟兄
　　　宫崎龙介吾兄正
　　　　　李烈钧

白雲在天龍行不見杏滷滋永思德滌深

滷天先生歎年不見其和再逢重遇於滷上夜半走訪出絲命書以為紀念聊墅點滋寒亥云爾 李肇甫

李肇甫题字

释读

白云在天，龙门不见。去德滋永，思德滋深。

滔天先生数年不见，共和再造，重遇于沪上，夜半走访，出纸命书，以为纪念。勉涂数语，塞责云尔。

李肇甫

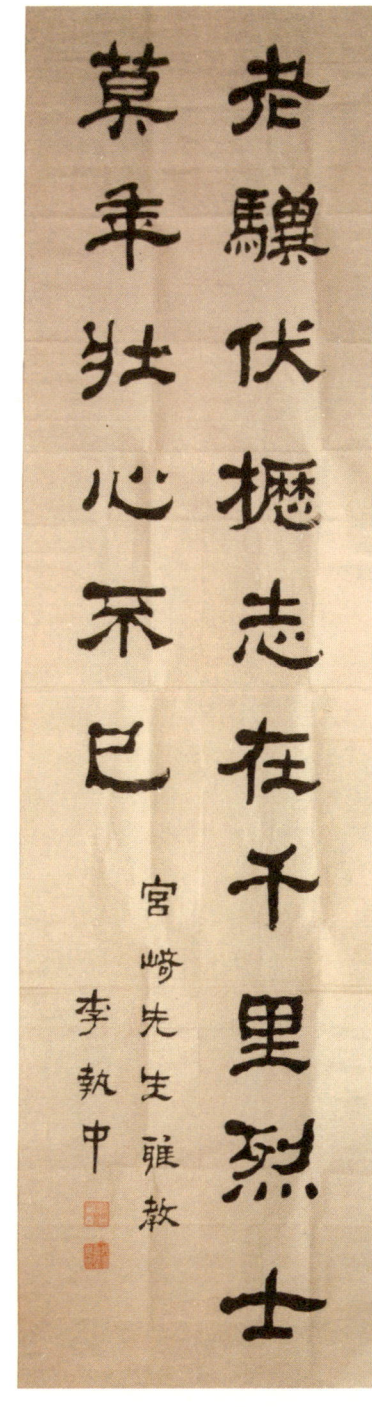

李执中题字

释读

老骥伏枥,志在千里。烈士暮年,壮心不已。
　　宫崎先生雅教
　　　　李执中

妖霧澎濛浡天蔽將軍下書樹飄零隱憂已畢初開府內熱尚焚夕飲冰犀首泛譬師不武要纏埋骨草共耆老成湘汾飲厭烤熱說天南有隕星

錄遠懷四首之一爲

宮崎龍介兄兩正　　廖仲愷

廖仲恺题字

释读

妖雾弥漫浑太清,将军一去树飘零。
隐忧已肇初开府,内热如焚夕饮冰。
犀首从仇师不武,要离埋骨草空青。
老成凋谢余灰烬,愁说天南有陨星。
　　录《感怀》四首之一奉
　宫崎龙介兄两正
　　　　廖仲恺

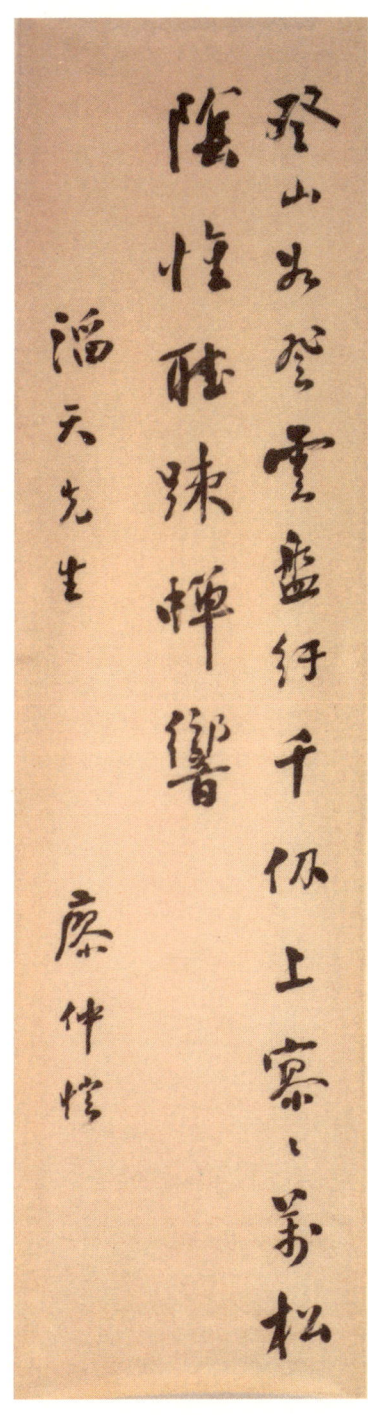

廖仲恺题字

释读

登山如登云，盘纡千仞上。
寥寥万松阴，惟听疏蝉响。
　滔天先生
　　廖仲恺

珠江旦夕起風雷已倒狂瀾孰挽回微羽不調絃亦怨死生惟一我何哀氣吁虺蜴唯天命焉渤牛渡穀異才物論未衡大小棟梁終有壽搖錄書懷四律之一章

宮崎寰作兄雅正　廖仲愷

廖仲愷題字

宫崎滔天家藏民国人物书札手迹（第八卷）

释读

  珠江旦夕起风雷，已倒狂澜孰挽回。
  徵羽不调弦亦怨，死生能一我何哀。
  鼠肝虫臂唯天命，马渤牛溲称异才。
  物论未应衡大小，栋梁终为蠹蟓摧。
    录《感怀》四律之一奉
  宫崎震作兄两正
      廖仲恺

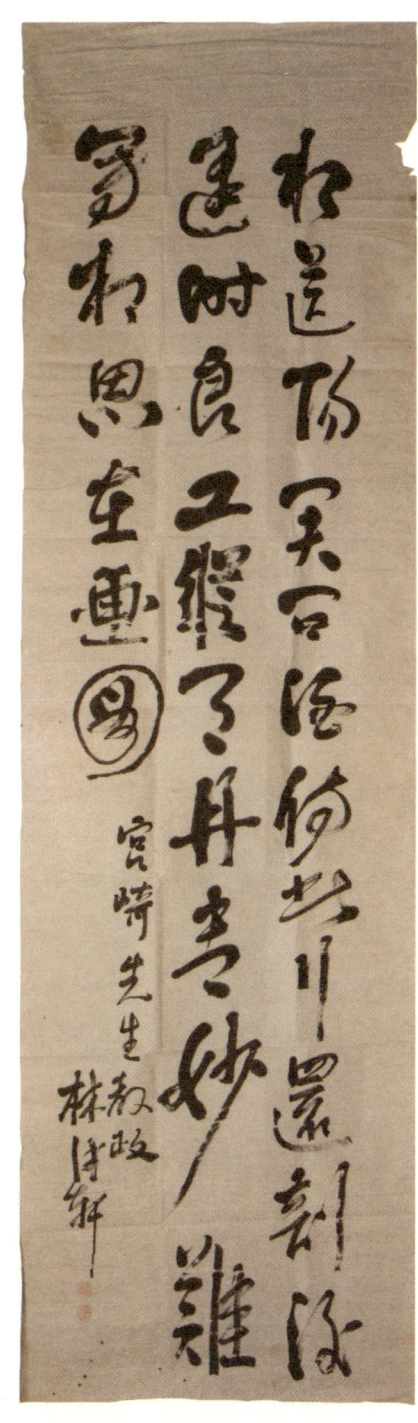

林德轩题字

释读

相送阳关问酒诗,此行还剖复逢时。
良工纵有丹青妙,难写相思在画图。
　宫崎先生教政
　　　林德轩

薄雾浓云愁永昼瑞脑销金兽佳节又重阳玉枕纱橱半夜凉初透 东篱把酒黄昏后有暗香盈袖莫道不销魂帘卷西风人比黄花瘦

易安七史刊书堂 瑞玕

淑华

凌叔华题字

释读

薄雾浓云愁永昼,瑞脑消金兽。佳节又重阳,玉枕纱厨,半夜凉初透。东篱把酒黄昏后,有暗香盈袖。莫道不销魂,帘卷西风,人比黄花瘦。易安女史词 书呈
  白莲女史 清玩
    叔华

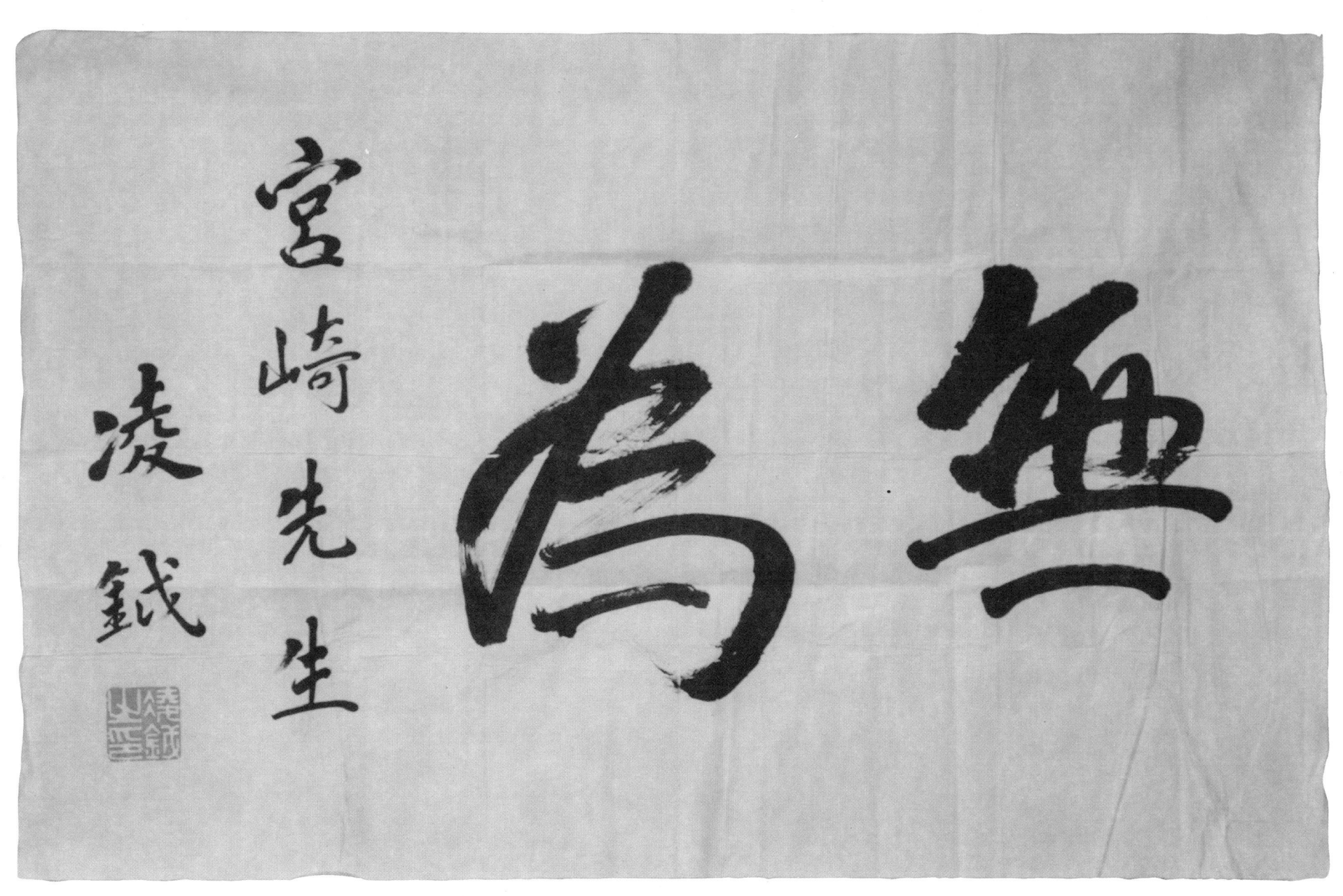

凌钺题字

释读

无为

　　宫崎先生

　　　　凌钺

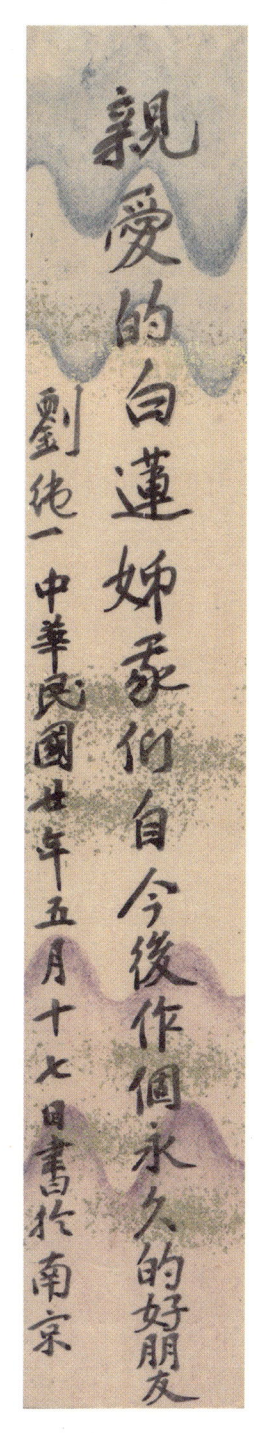

刘纯一题字（1931年）

释读

亲爱的白莲姊,我们自今后作个永久的好朋友。

刘纯一　　中华民国廿年五月十七日书于南京

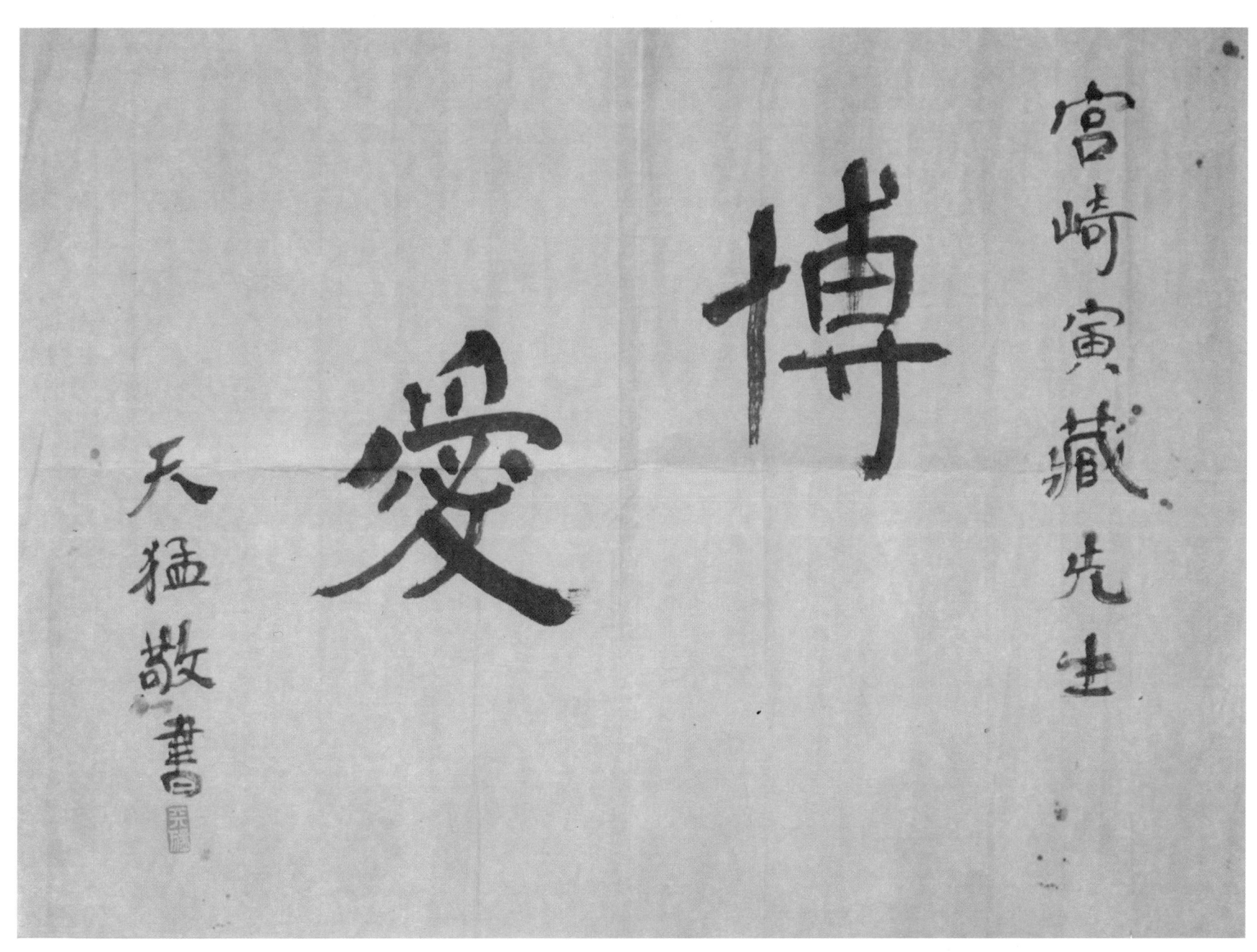

刘天猛题字

释读

　　博爱
　　　宫崎寅藏先生
　　　　　天猛敬书

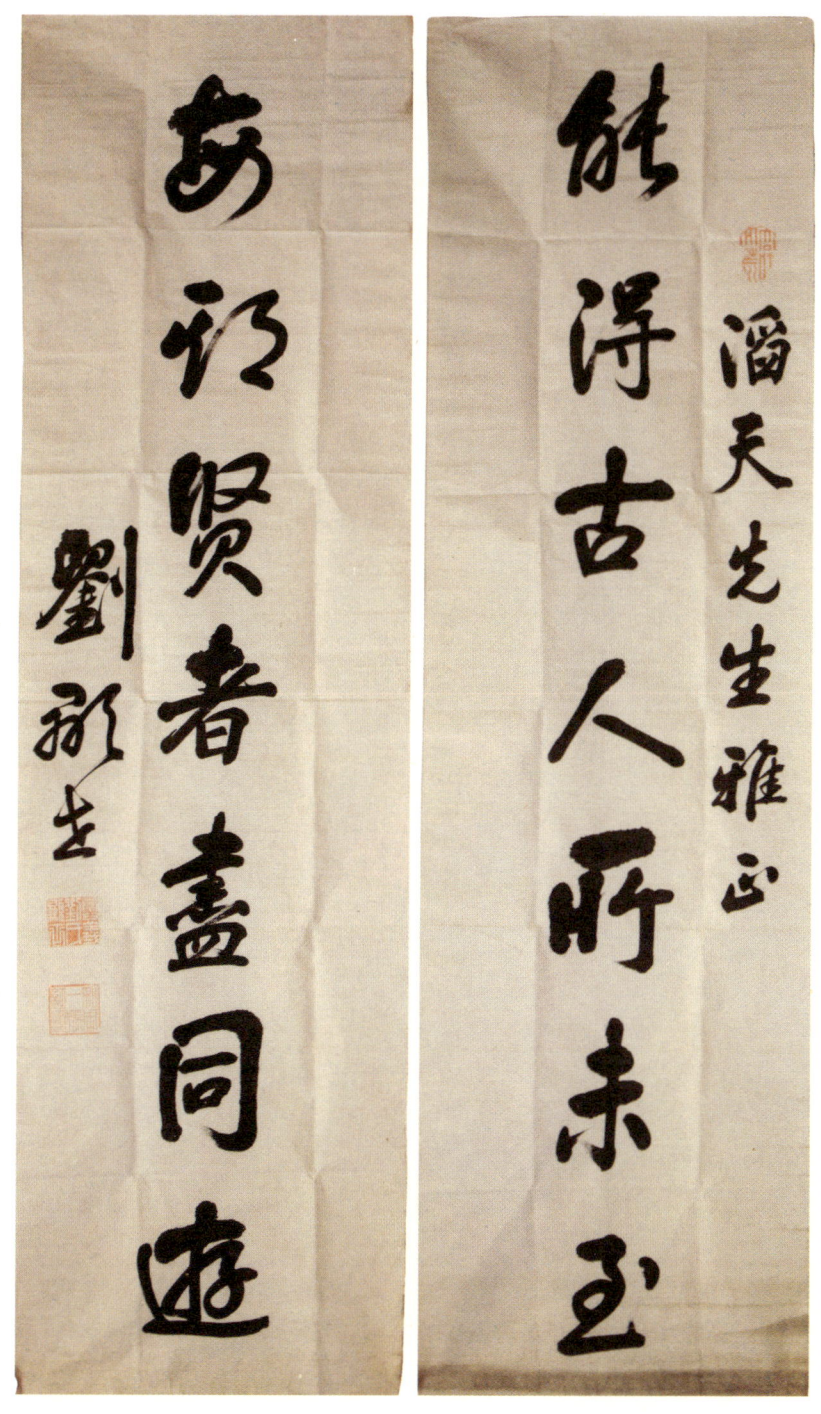

刘显世题字

释读

能得古人所未至，每期贤者尽同游。
滔天先生雅正
　　　刘显世

刘永栋题字

释读

在水一方
　宫崎先生正
　　　刘永栋

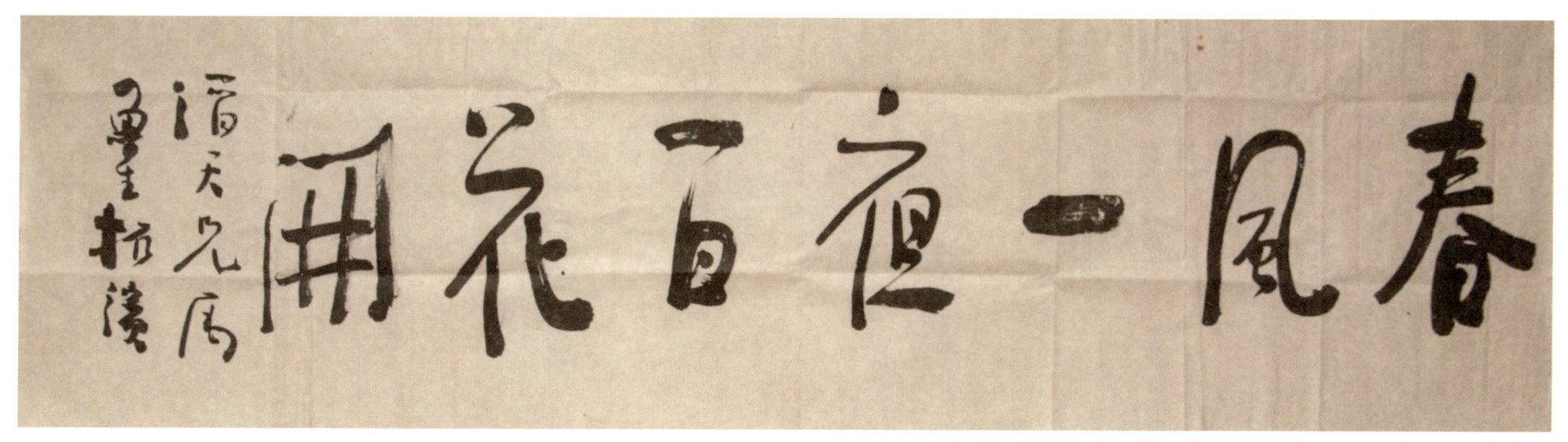

鲁拓滨题字

释读

春风一夜百花开
　滔天兄属
　　鲁生拓滨

雨花臺邊埋斷戟 莫愁湖裏餘
殘波 聽盡思量人亦不見歸憶江
天發浩歌

白蓮女士教正　魯迅

鲁迅题字（1931年）

释读

  雨花台边埋断戟，莫愁湖里余微波。
  所思美人杳不见，归忆江天发浩歌。
   白莲女士教正
     鲁迅

大江日夜向東流聚作萬夫雄又
遠遊六代綺羅成舊夢石頭城上
月如鉤

宮崎先生屬　魯迅

鲁迅题字（1931年）

释读

  大江日夜向东流，聚义英雄又远游。
  六代绮罗成旧梦，石头城上月如钩。
   宫崎先生属
     鲁迅

魯瀛題字（1929年2月16日）

释读

汧殹沔沔，烝彼淖渊。
鳗鲤处之，君子渔之。
沥有小鱼，其游散散。
帛魚烁烁，其筵氐鲜。
黄帛其鳊，有鲕有鲌。
其立月孔庶。
　　节临石鼓残文
　宫崎龙介先生政
　　　民国十八年二月十六日　鲁瀛

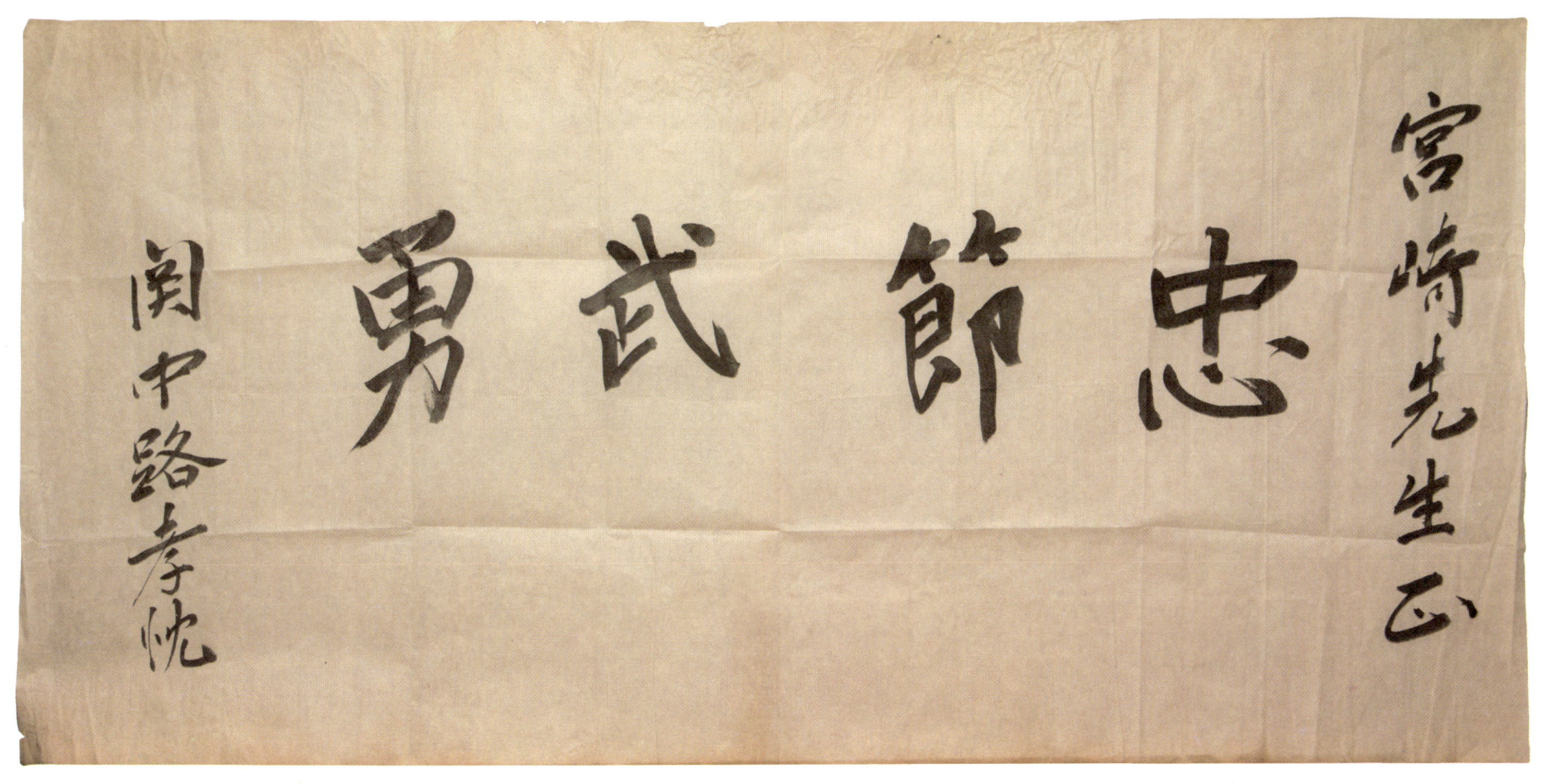

路孝忱题字

释读

忠节武勇

宫崎先生正

关中路孝忱

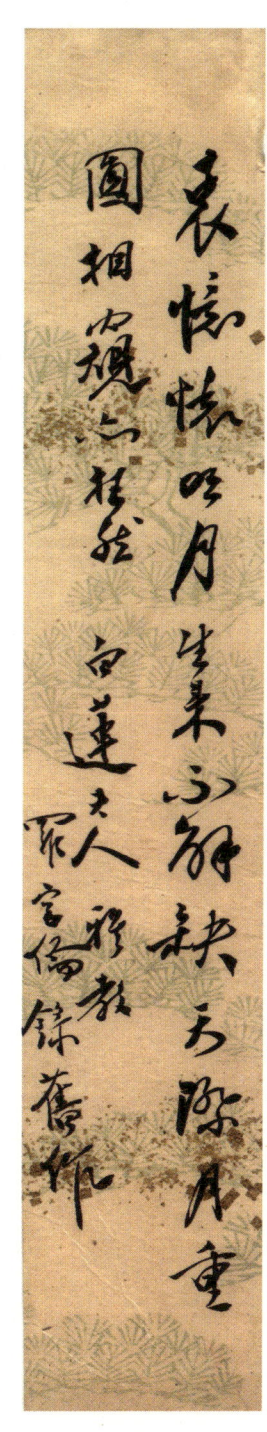

罗家伦题字

释读

衷忆怀明月,生来不解缺。天际月重圆,相窥亦枉然。
　　白莲夫人雅教
　　　　罗家伦　录旧作

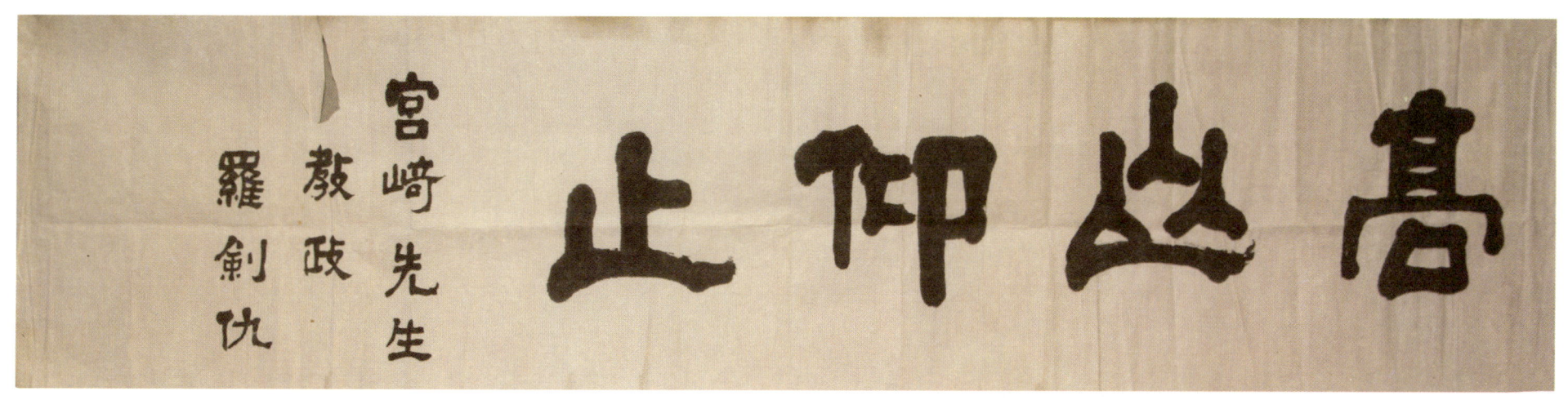

罗剑仇题字

释读

高山仰止
  宫崎先生教政
    罗剑仇

宮崎先生東歸為賦二律以送之即乞 指正

英雄造世紀高風輔定中華妙化工
遠與蔡黃全友誼睨他黎叚起兵戎
同人一路爭迎送大地相逢儘拜崇
我託春官慙弱質何時策飲賦奇功

依依湘水送流年見說令朝廠別筵
望眼停雲添翠嶂癡心和淚寫鸞箋
鴻飛雪影空陳跡馬到雲林賓夕烟
此去蓬瀛山水好行沽休計杖頭錢

支那民黨亡命呂丹書撰贈

吕丹书题字

释读

  宫崎先生东归，为赋二律以送之，即乞指正
英雄造世纪高风，辅定中华妙化工。
远与蔡黄全友谊，睨他黎段起兵戎。
同人一路争迎送，大地相逢尽拜崇。
我托春官惭弱质，何时策饮赋奇功。

依依湘水送流年，见说今朝厰别筵。
望眼停云添翠嶂，痴心和泪写鸾笺。
鸿飞雪影空陈迹，马到云林宵夕烟。
此去蓬瀛山水好，行沽休计杖头钱。
  支那民党亡命吕丹书撰赠

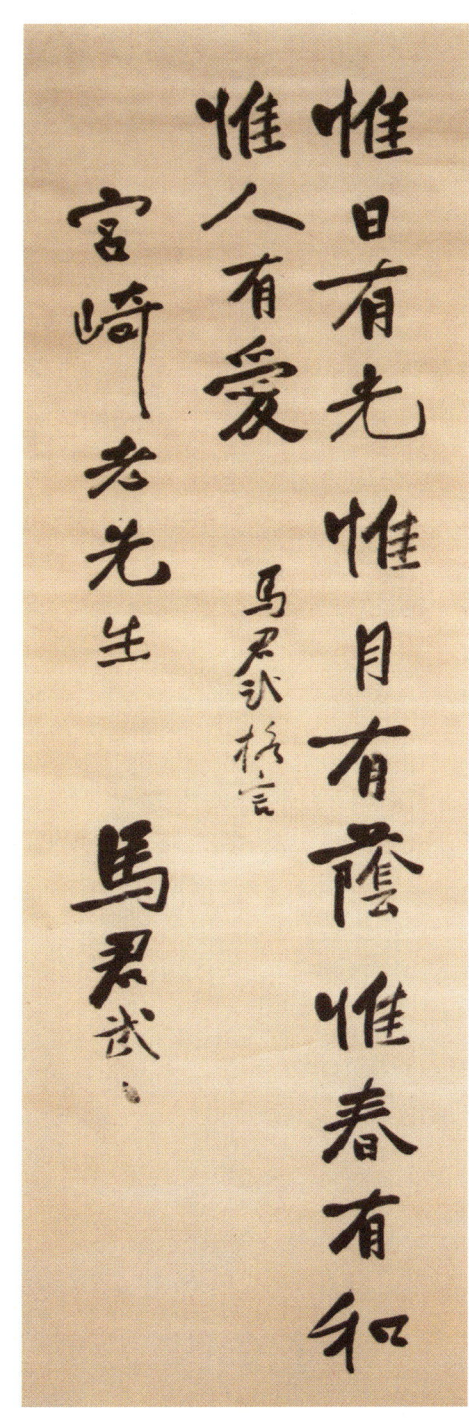

马君武题字

释读

惟日有光，惟月有荫，惟春有和，惟人有爱。
　　马君武格言
　宫崎老先生
　　　马君武

三月長安杏李妻一條軟繡
天街新漢朝霞試瑞門日唐

代題名鴈塔辰官柳慣迎新
貴馬杏花偏拂少年人幾隊

寬裳行簇簇瓊林苑裡春波
綠未耀頭銜七丈光巳辨墨

水三升厚舊僕重談八學時
龍介先生教正　馬劉憲英

马刘宪英题字

释读

三月长安桃李春，一条软绣天街新。
汉朝覆试端门日，唐代题名雁塔辰。
官柳惯迎新贵马，杏花偏拂少年人。
几队霓裳行簇簇，琼林苑里春波绿。
未耀头衔七尺光，已辞墨水三升辱。
旧仆重谈入学时。
　　龙介先生教正
　　　　马刘宪英

梅米城书画（1933年）

释读

笼中闲居难舒翼,厨下为牺则待时。
尚自殷勤报天晓,一声惊起几男儿。
　癸酉春二月
　　　梅米城

末永节题字

释读

  暗香脉脉水之涯，春信先传高士家。
  牧鹤归来晴雪报，一夜寒月古梅花。
   录旧作 滔天我兄两正
      狼啸月

宮崎先生東歸為賦二律以別之乞即指正

東亞改革重同盟自古英雄不易生
合是先知齊孔孟由來俠骨傲公卿
良弓高鳥千秋恨結駟連騎列國驚
布望共和滿天下我公此去必強爭

會少離多祇一時先生此去竟何之
採銅敬鑄他山像握管猶懷秋水思
捧日有心因道遠歸雲無計把山移
愧余難遂攀龍志聊具新詩進舊知

支那民黨彭壽松撰贈

彭壽松題字

释读

　　宫崎先生东归,为赋二律以别之,乞即指正

东亚改革重同盟,自古英雄不易生。

合是先知齐孔孟,由来侠骨傲公卿。

良弓高鸟千秋恨,结驷连骑列国惊。

希望共和满天下,我公此去必强争。

会少离多只一时,先生此去竟何之。

采铜欲铸他山像,握管犹怀秋水思。

捧日有心因道远,归云无计把山移。

愧余难遂攀龙志,聊具新诗进旧知。

　　支那民党彭寿松撰赠

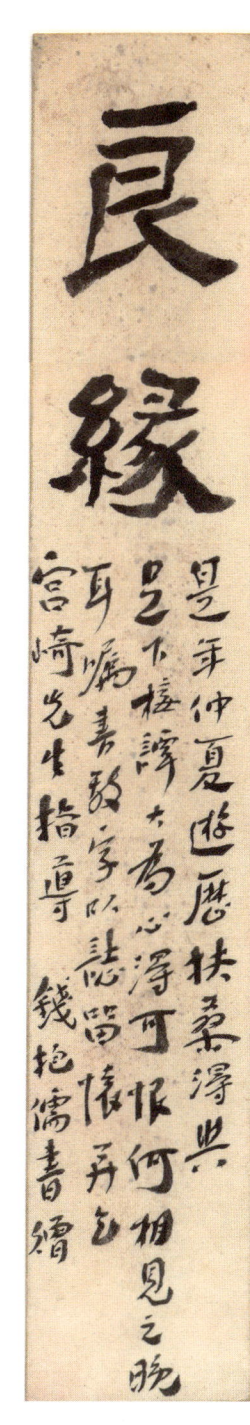

钱抱儒题字

释读

良缘

　　是年仲夏游历扶桑，得与足下接谭，大为心得，可恨何相见之晚耳。嘱书数字，以志留怀，并乞
宫崎先生指导
　　　　钱抱儒书赠

負笈赴東瀛邂逅三五明月
作句留飲茗間談良友律儘可消
愁儘可消愁 時勢已怵憂萬
緒千頭男兒志願勃中尻再造
神州猶未晚效果可收發果可收
昭和二年時在杜夏陰濃過人道手兩
揮浪淘沙詞一首書兩并著敬乞
宮公大方家哂正 錢抱儒敬呈

钱抱儒题字

释读

负笈赴东流，逾快遨游。二分明月作句留。饮茗闲谈良友伴，尽可消愁。尽可消愁。时势足堪忧，万绪千头。男儿志愿效中流。再造神州犹未晚，效果可收。效果可收。

昭和三年，时在叔夏，阴浓逼人，随手而挥《浪淘沙》词一首，书而并著敬乞

　　宫公大方家哂正

　　　　　　钱抱儒敬呈

编者注：此处词律有误。作者将上下阕最后一句各重复了一次。

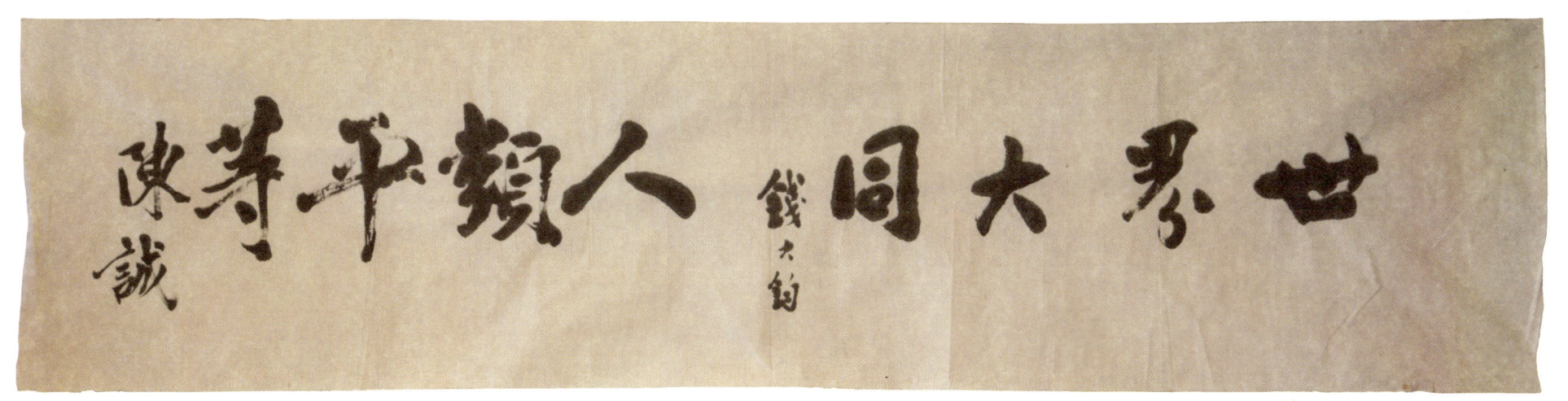

钱大均、陈诚题字

释读

　　世界大同
　　　　钱大均
　　人类平等
　　　　陈诚

天羅地網密如紗播越東隣藉作家十九年來止命客葵邱一合業魚涯千重帷幙白香紗隔斷長安不見家萬里海天風浪急孤舟一轉到津涯

乙卯秋錄舊作連招二絕以圖宮崎先生 錢通

钱通题字（1915年）

释读

天罗地网密如纱,播越东邻藉作家。
十九年来亡命客,葵邱一合业无涯。

千重帷幕白香纱,隔断长安不见家。
万里海天风浪急,孤舟一转到津涯。
　　乙卯秋录旧作连韵二绝以澛
　宫崎先生
　　　钱通

饶景铭题字

释读

亲爱精神
　宫崎女史 正
　　饶景铭

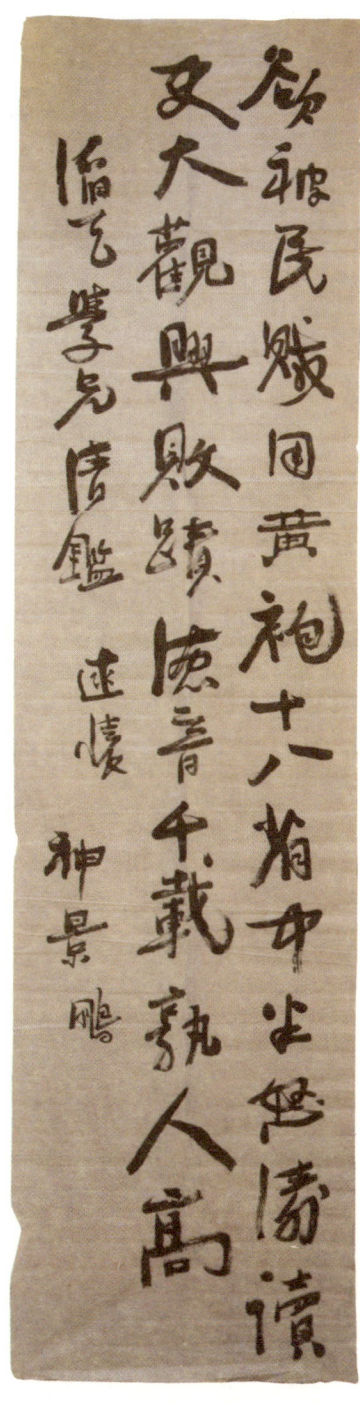

神景鵬題字

释读

  欲被民贼用黄袍，十八省中半怒涛。
  读史大观兴败迹，德音千载孰人高。
  滔天学兄清鉴
   《述怀》　神景鹏

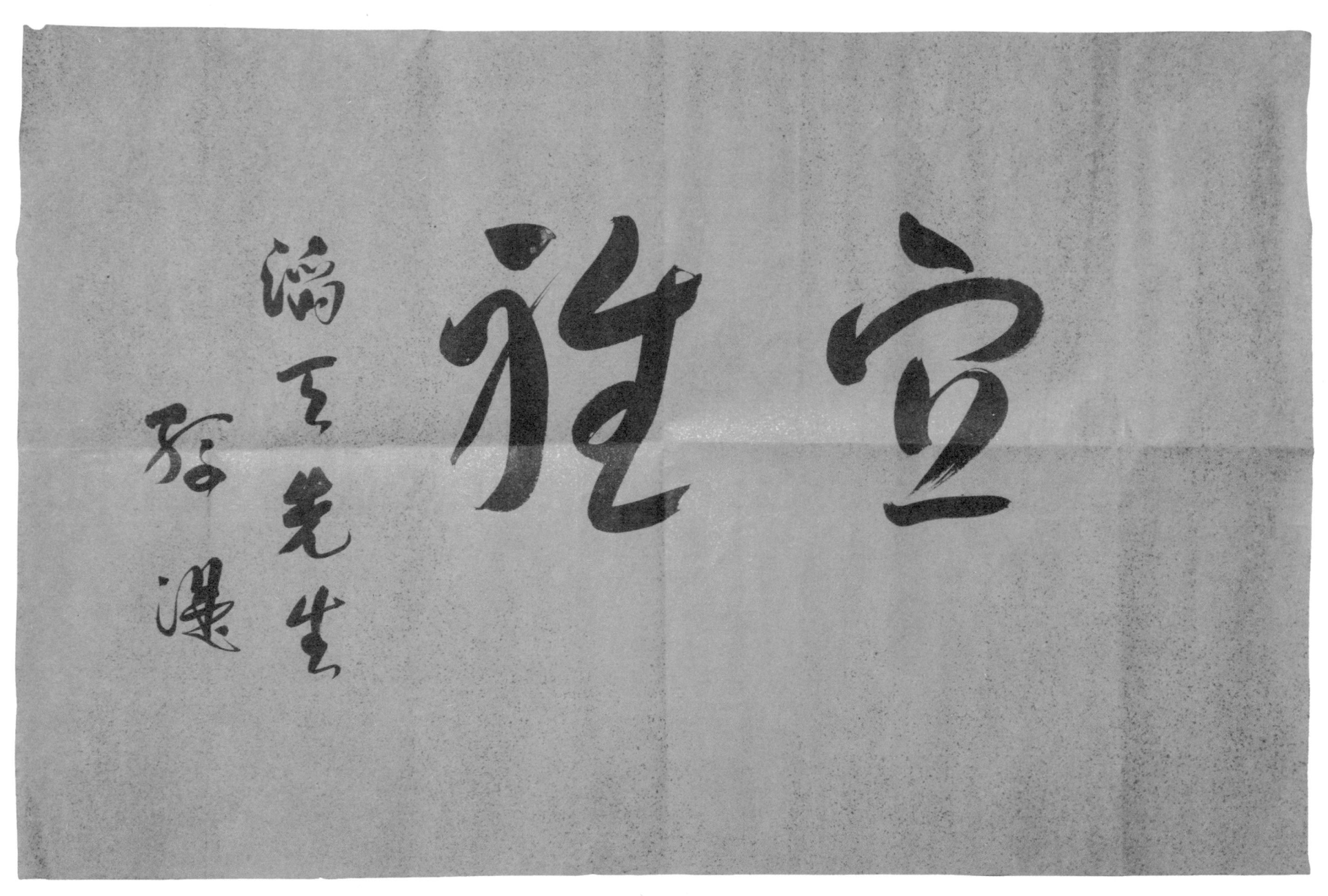

孙湜题字

释读

宜雅
　滔天先生
　　孙湜

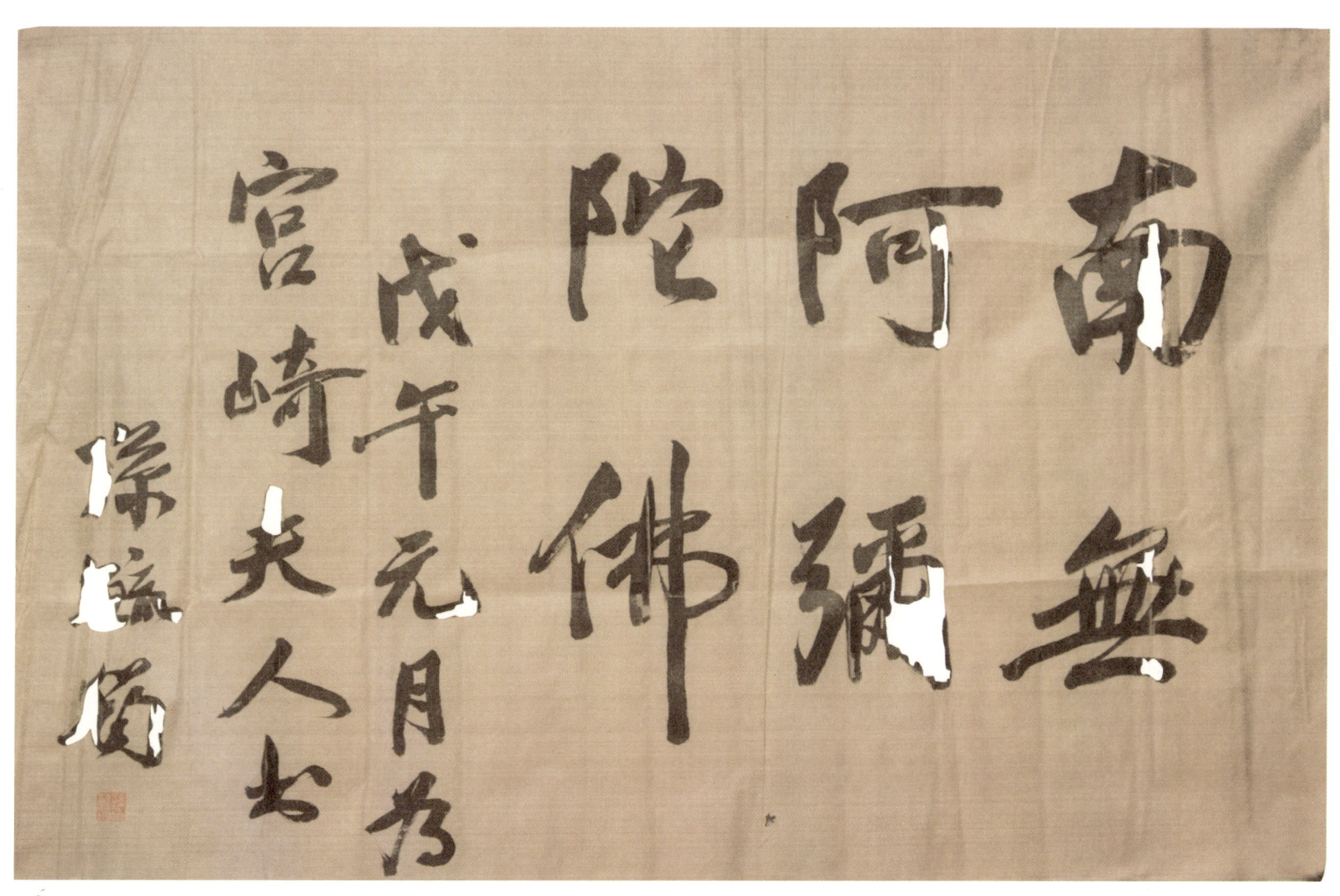

孙毓筠题字（1918年）

释读

南无阿弥陀佛
　戊午元月为
宫崎夫人书
　　孙毓筠

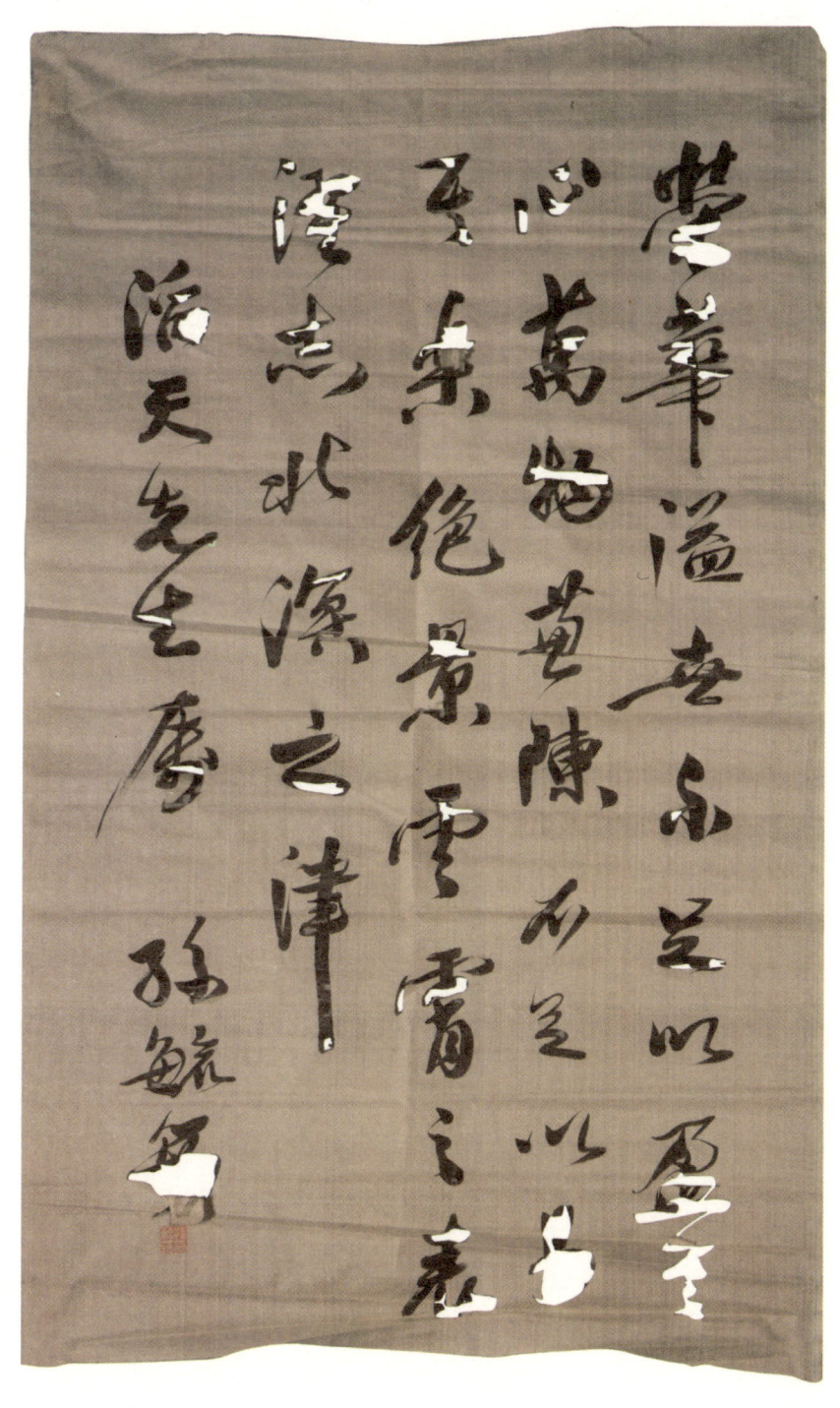

孙毓筠题字

释读

荣华溢世，不足以盈其心。
万物兼陈，不足以易其乐。
绝景云霄之表，濯志北溟之津。
　滔天先生属
　　　孙毓筠

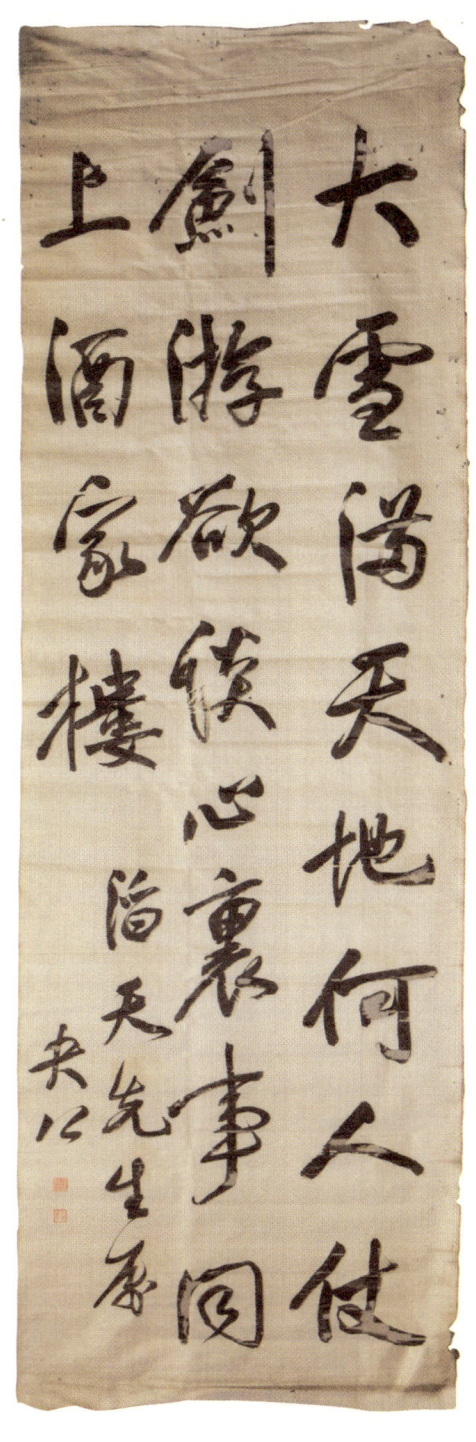

孙毓筠题字

释读

大雪满天地,何人仗剑游。
欲谈心里事,同上酒家楼。
　滔天先生属
　　　夬公

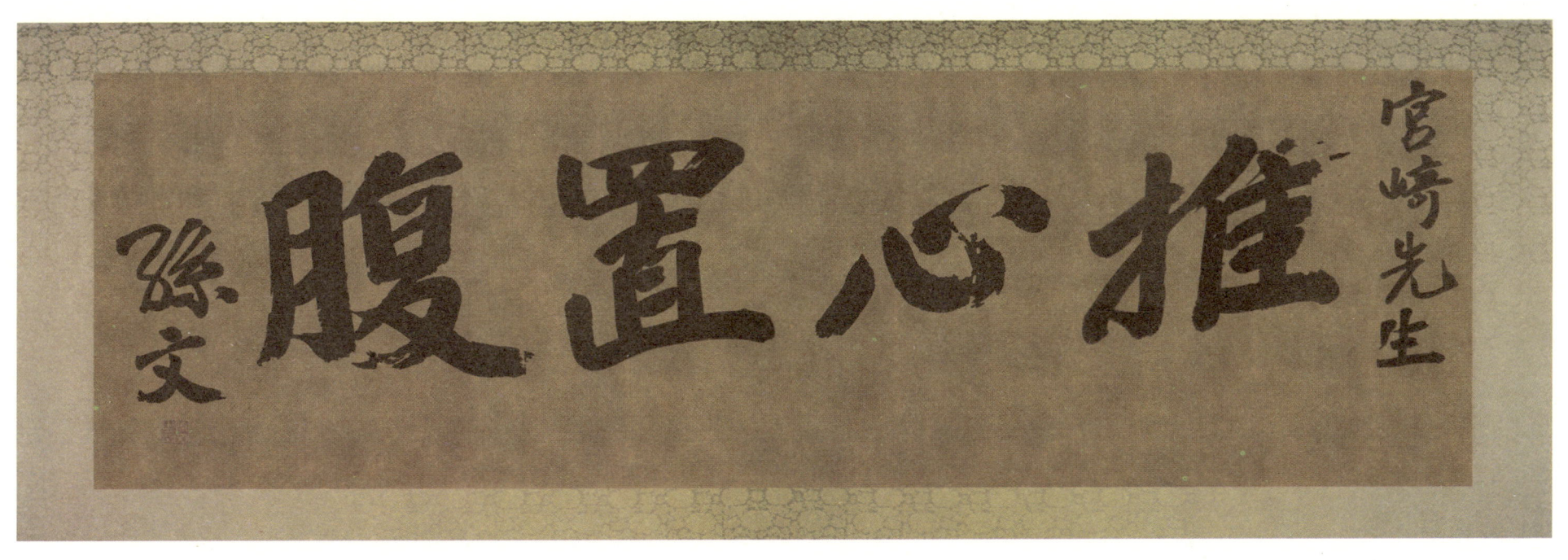

孙中山题字

释读

推心置腹

宫崎先生

孙文

孙中山题字

释读

　　明道

　　　　孙文

孙中山题字

释读

爱

文

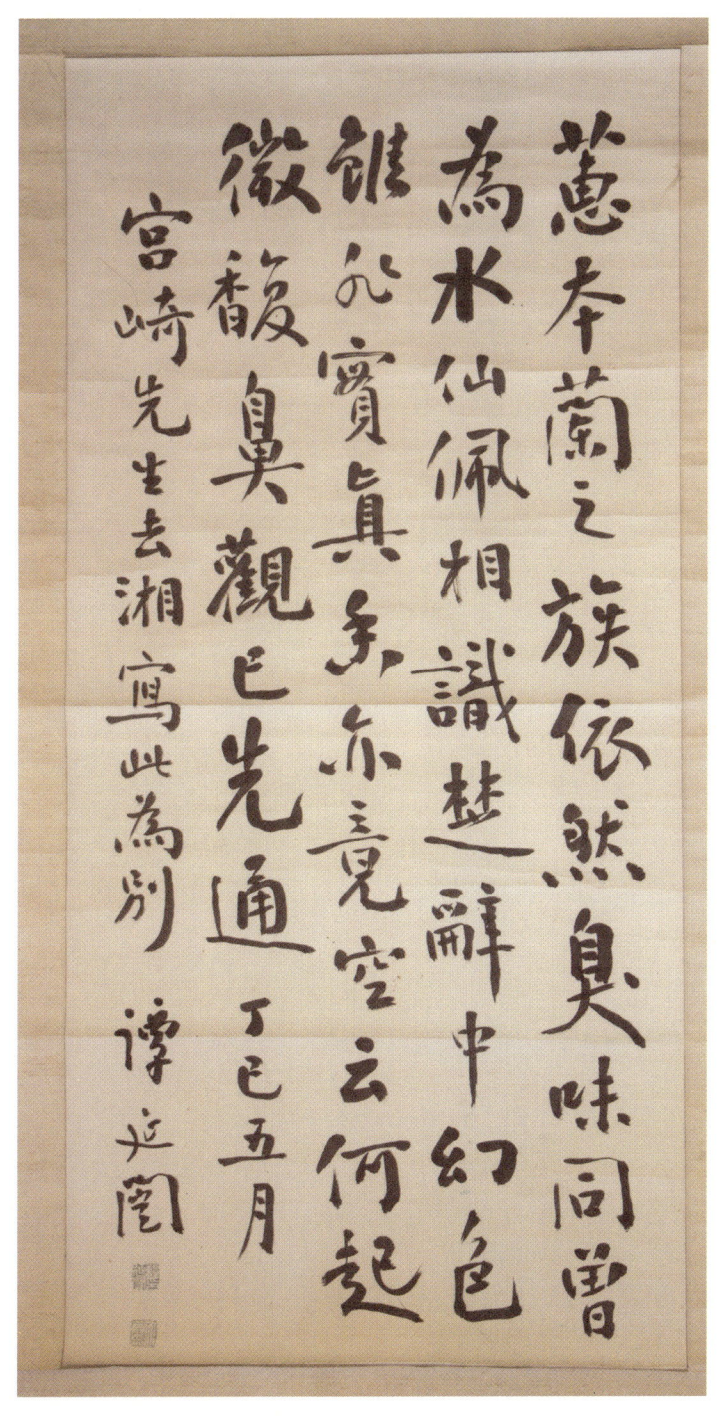

谭延闿题字（1917年）

释读

蕙本兰之族，依然臭味同。
曾为水仙佩，相识楚辞中。
幻色虽非实，真香亦竟空。
云何起微馥，鼻观已先通。
　宫崎先生去湘，写此为别。
　　　　　　丁巳五月　谭延闿

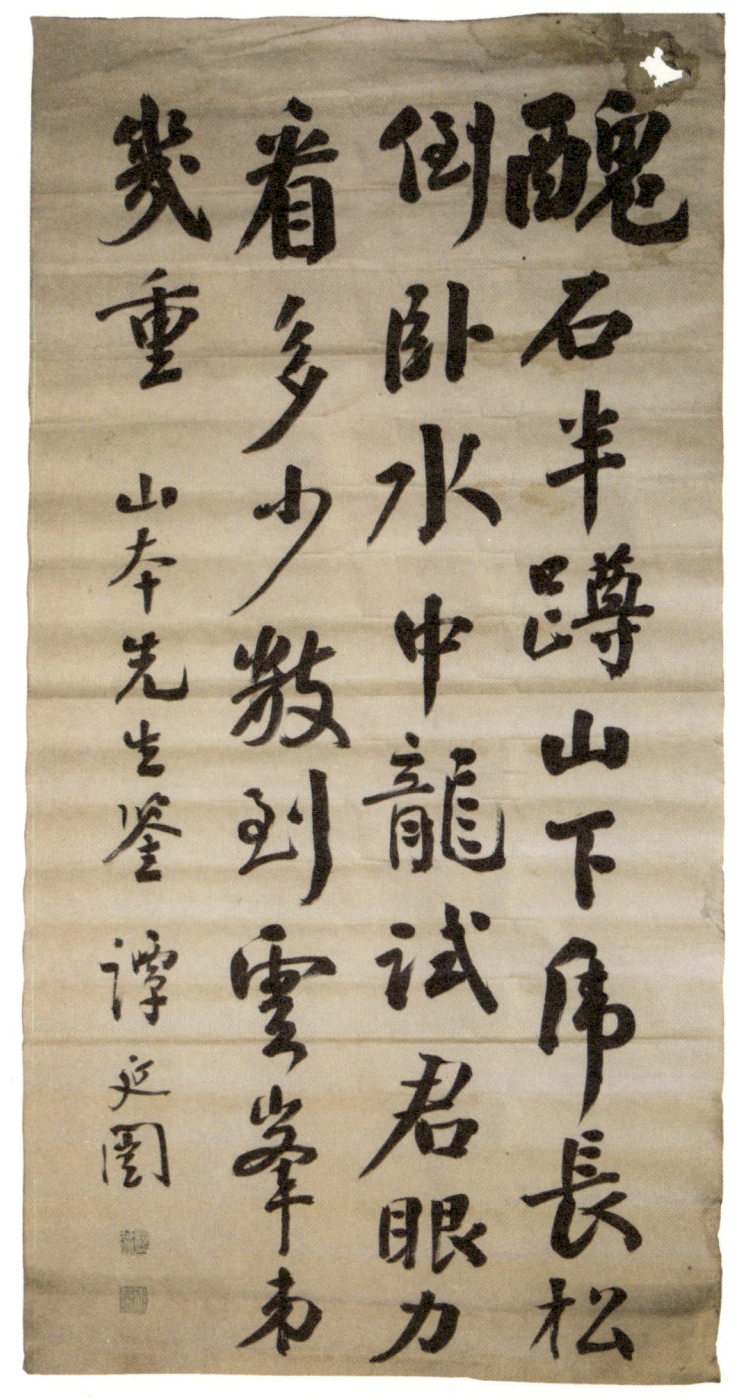

谭延闿题字

释读

丑石半蹲山下虎,长松倒卧水中龙。
试君眼力看多少,数到云峰第几重。
　　山本先生鉴
　　　　谭延闿

怀白搔头大风延迟青闺边草乱乾坡心枕簟凉但来者若花故骚咸乃足前久不作诗非减兴新采纽扣有馀悲何尝快绝恩怨度南北东西马为诗用一轮昨光新成此贻家泥圃与易只老辈欲向彼逸名诗用柚花新成此瓷瓶兄索书敬书印以奉政
田寒求在南京

田汉题字

释读

怀白楼头大风起,延青阁边草乱披。
心雄鬓白未为老,花放蹊成乃足奇。
久不作诗非减兴,新来纵酒有余悲。
何当快绝恩仇后,南北东西马一骑。
　　日前在胡家花园与易君武辈饮酒,被逼为诗,因慨然成此。宫崎兄索书数字,即以应教。
　　　田汉于南京

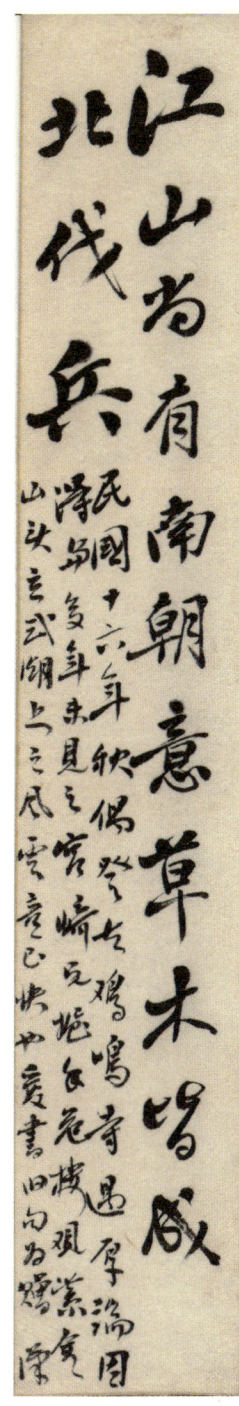

田汉题字（1927年）

释读

江山尚有南朝意，草木皆成北伐兵。

民国十六年秋偶登古鸡鸣寺，遇厚端，因得与多年未见之宫崎兄握手危楼。观紫金山头、玄武湖上之风云，意甚快也。爰书旧句为赠。

汉

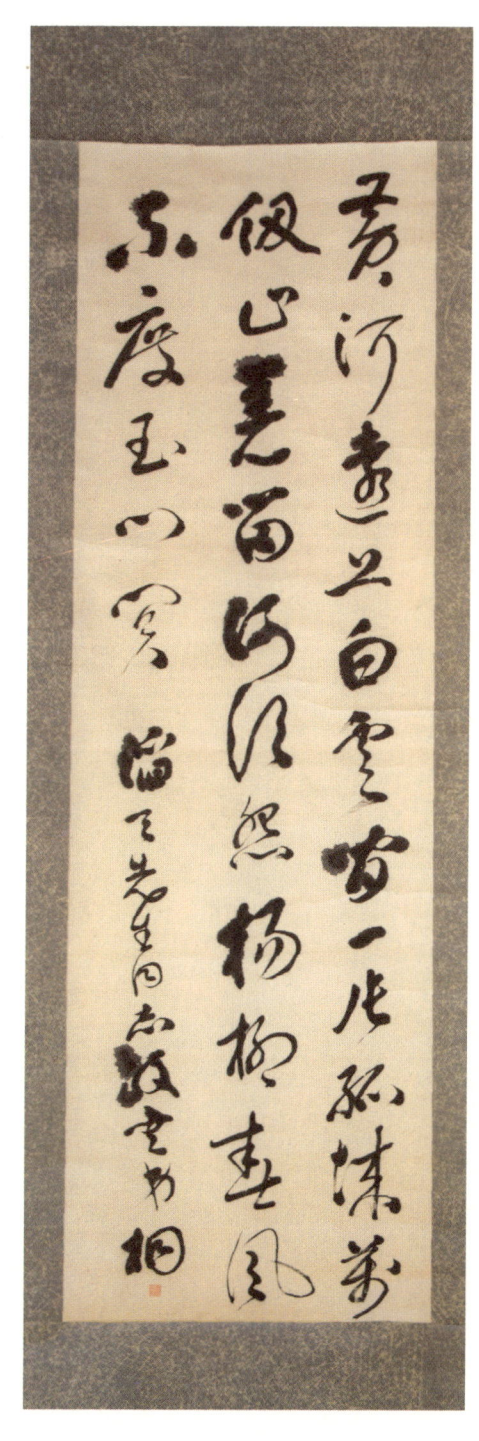

田桐题字

释读

黄河远上白云间，一片孤城万仞山。
羌笛何须怨杨柳，春风不度玉门关。
　　滔天先生同志教书
　　　　　　弟桐

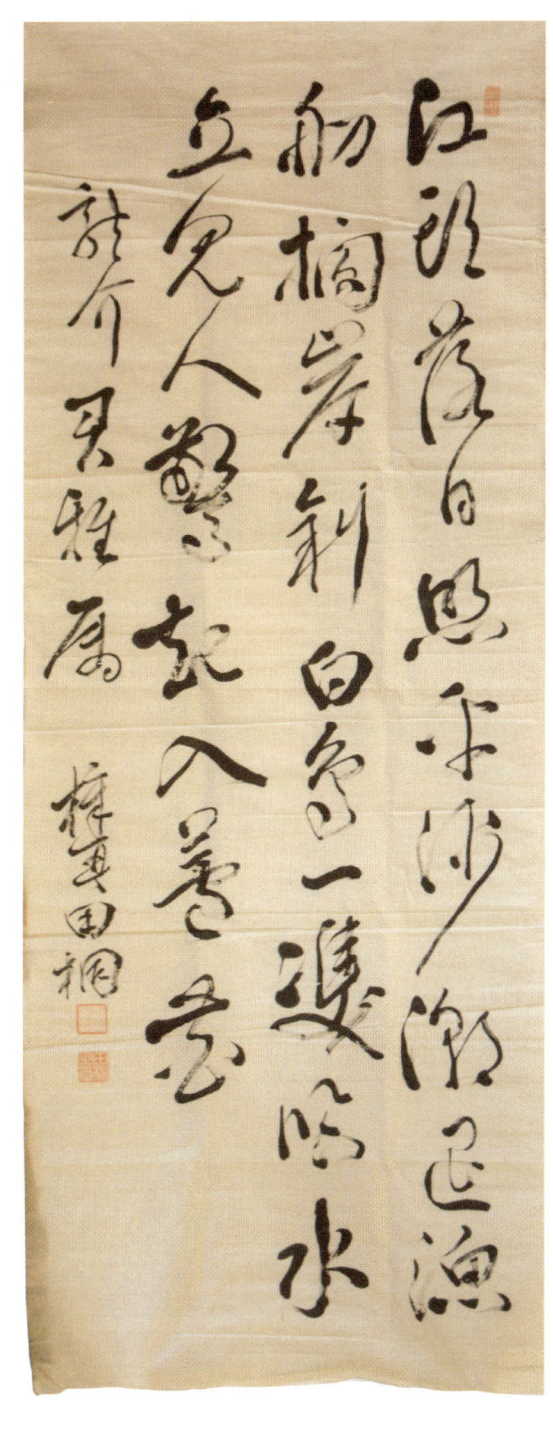

田桐题字

释读

　　江头落日照平沙,潮退渔船搁岸斜。
　　白鸟一双临水立,见人惊起入芦花。
　　　龙介君雅属
　　　　　梓琴田桐

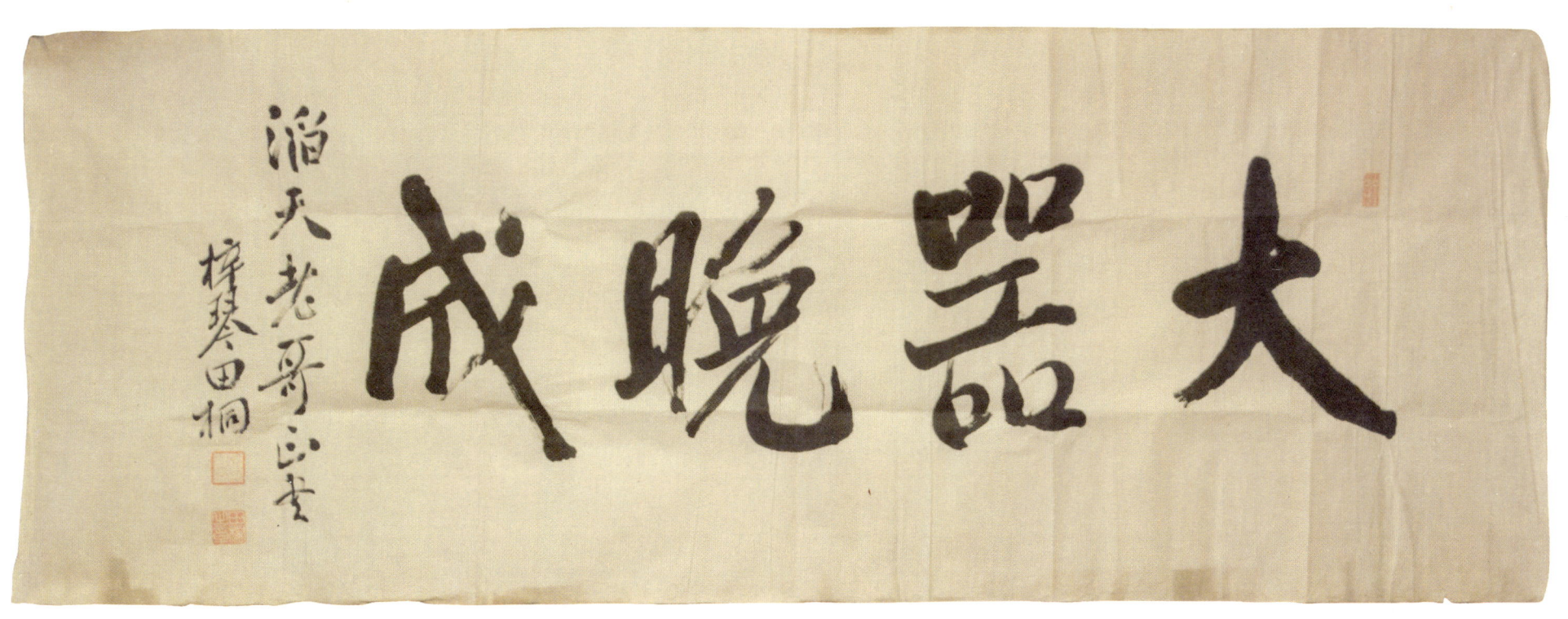

田桐题字

释读

大器晚成
　滔天老哥正书
　　　梓琴田桐

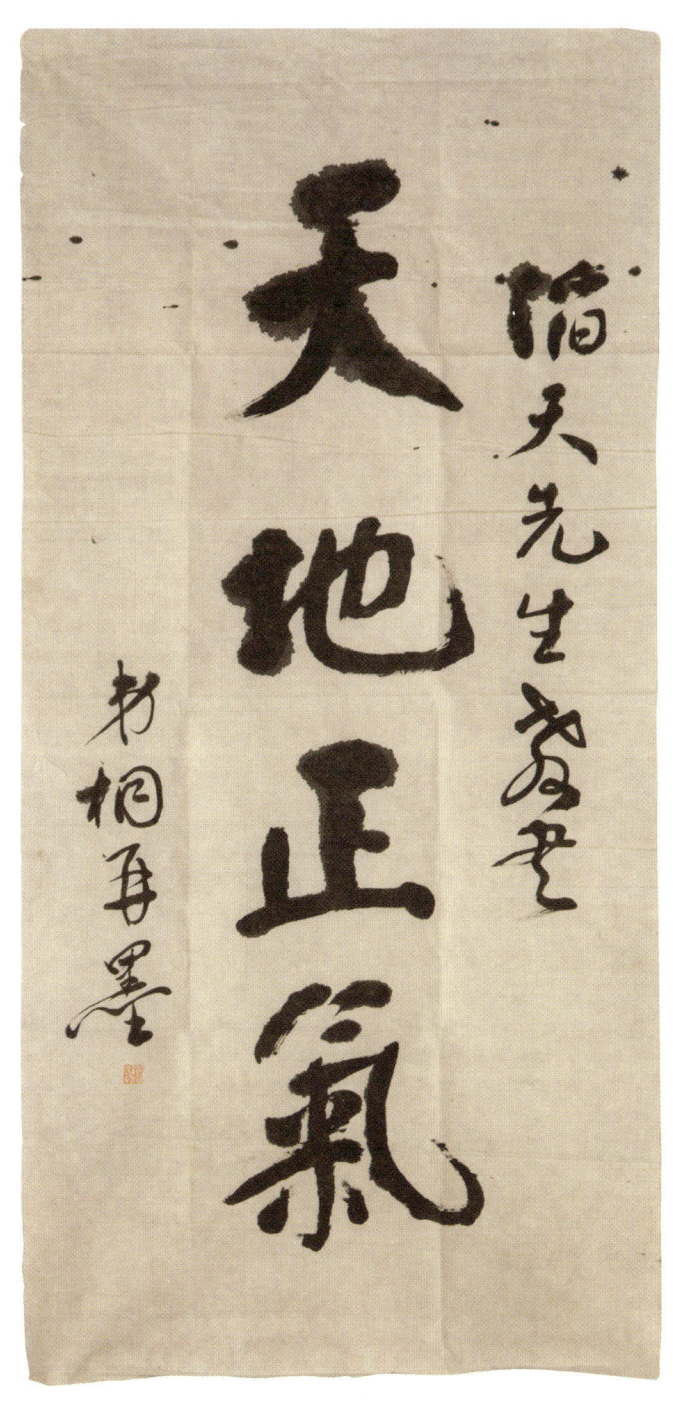

田桐题字

释读

　　天地正气
　　　滔天先生教书
　　　　　田桐再墨

王大桢题字

释读

　　同声相应　同气相求
　　　笛洋吾兄同志
　　　　　　渌江王大桢

相見以誠相接以禮

血潮吾兄同志　漾江王大楨

王大桢题字

释读

相见以诚　相接以礼
　　血潮吾兄同志
　　　　渌江王大桢

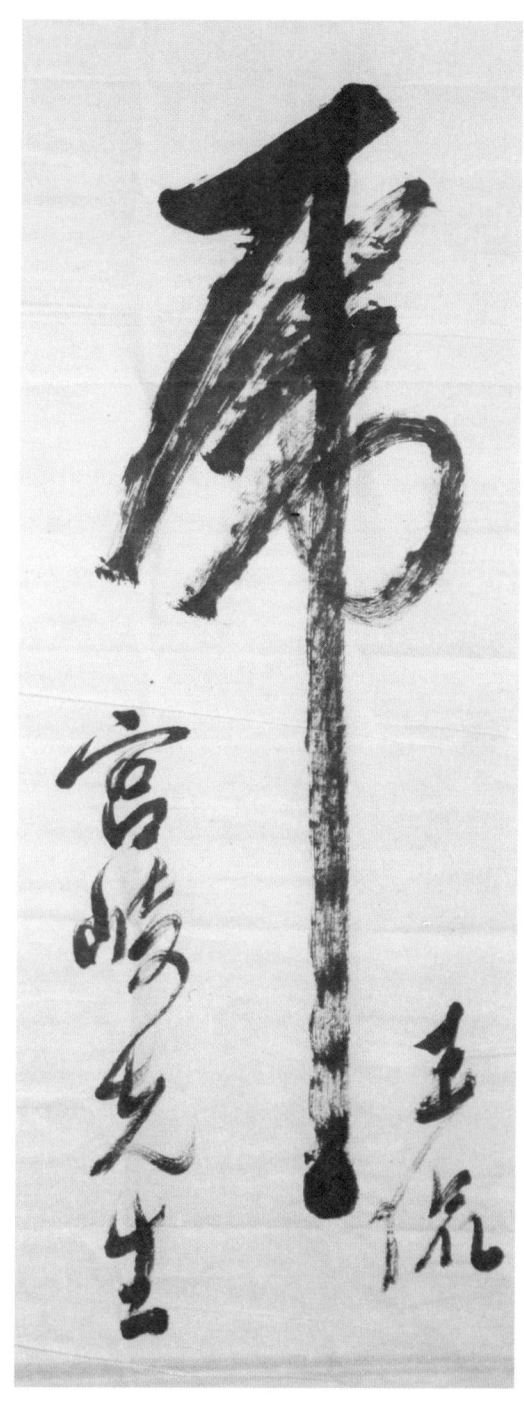

王侃题字

释读

虎
　宫崎先生
　　　王侃

吴庚鑫题字（1929年）

释读

民众先河

　　龙介先生 白莲夫人　惠存

　　　己巳秋仲　吴庚鑫涂

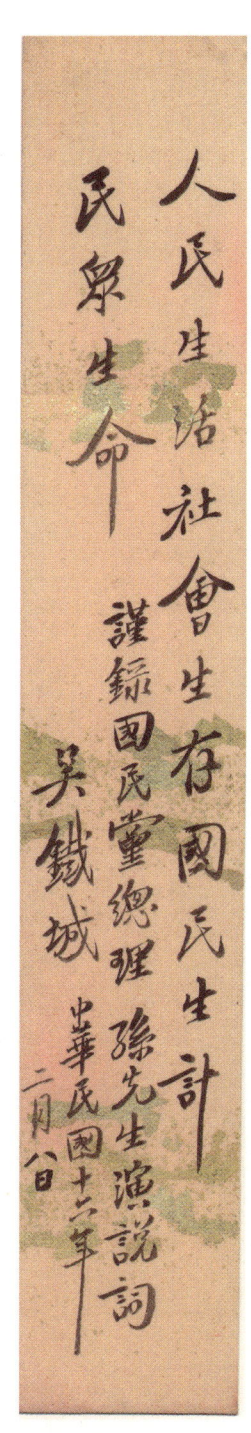

吴铁城题字（1927年）

释读

人民生活，社会生存，国民生计，民众生命。
　　谨录国民党总理孙先生演说词
　　　　吴铁城　中华民国十六年二月八日

吴铁城题字（1927年）

释读

笔扫千军
　　中华民国十六年二月八日　吴铁城

吴铁城题字（1927年）

释读

鸡鸣起舞
　　中华民国十六年二月八日　吴铁城

吴铁城题字（1927年）

释读

　　肝胆论交
　　　　中华民国十六年二月八日　吴铁城

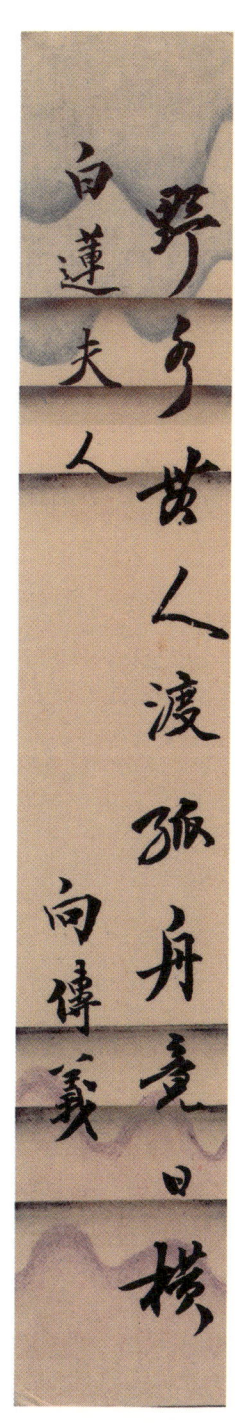

向传义题字

释读

野水无人渡,孤舟竟日横。
　　白莲夫人
　　　　向传义

新之題字

释读

革命先觉

新之

熊斌题字（1927年）

释读

天下为公
　　宫崎龙介先生
　　　　丁卯秋孟　熊斌

熊斌题字（1927年）

释读

行易知难
　　宫崎震作先生
　　　　丁卯孟秋　熊斌

亚细自有卢梭在东海甯无陆克存擢破愚權立人道寰球要識布衣尊巴枯甯後有拉薩社會主義日中天東洋思想方萌稚鼓欧民權在此隤海賣漿織麁銷壯心論交羣自忘國界四海兄弟来相尋

宮崎滔天戒兄一絮

楊守仁拙

杨守仁题字

释读

亚洲自有卢梭在,东海宁无陆克存。
摧破君权立人道,寰球要识布衣尊。

巴枯宁后有拉萨,社会主义日中天。
东洋思想方萌稚,鼓吹民权在此贤。

散发骑鲸过东海,卖浆织牦销壮心。
论交幸自忘国界,四海兄弟来相寻。
　　宫崎滔天我兄一粲
　　　　　弟守仁呈拙

杨兆南赠宫崎滔天书画（1914 年 3 月）

释读

滔天先生雅正

　　杨兆南　中华民国三年三月作于日本东京

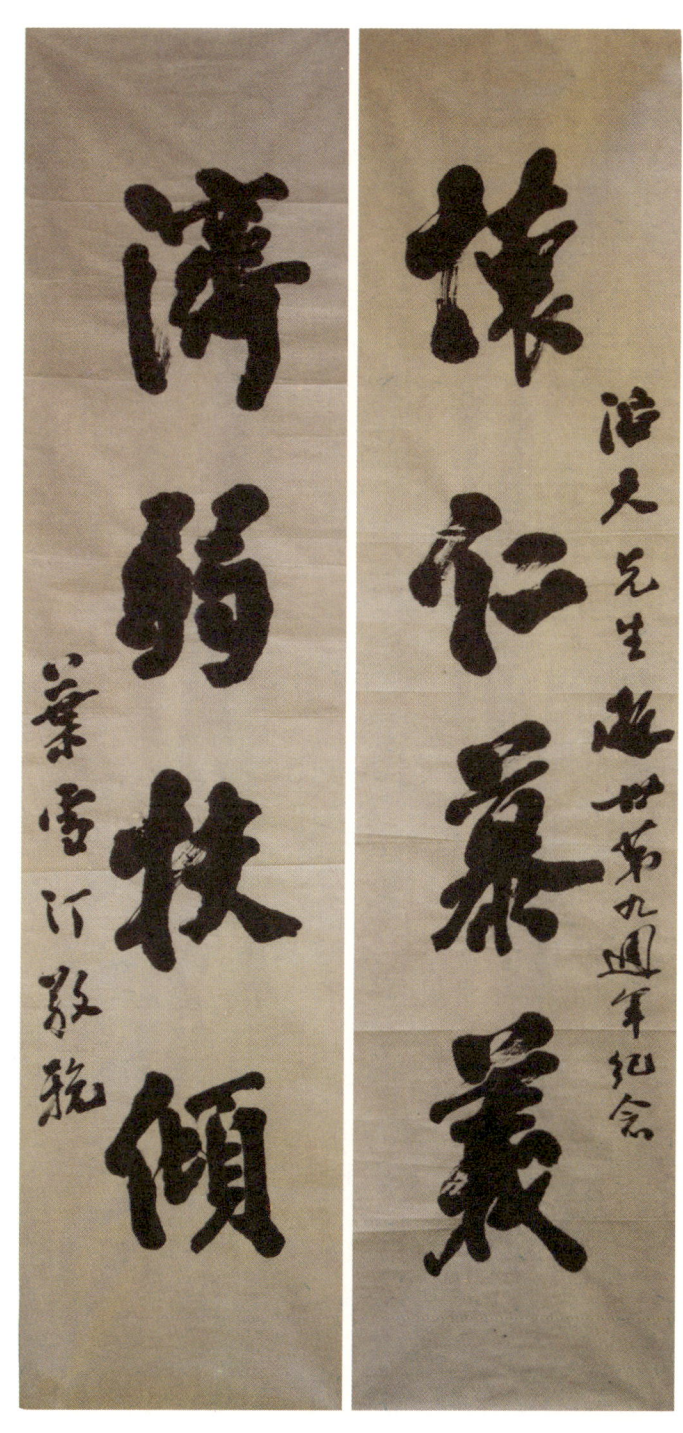

叶雪汀题字

释读

怀仁慕义,济弱扶倾。
　　滔天先生逝世第九周年纪念
　　　　叶雪汀敬挽

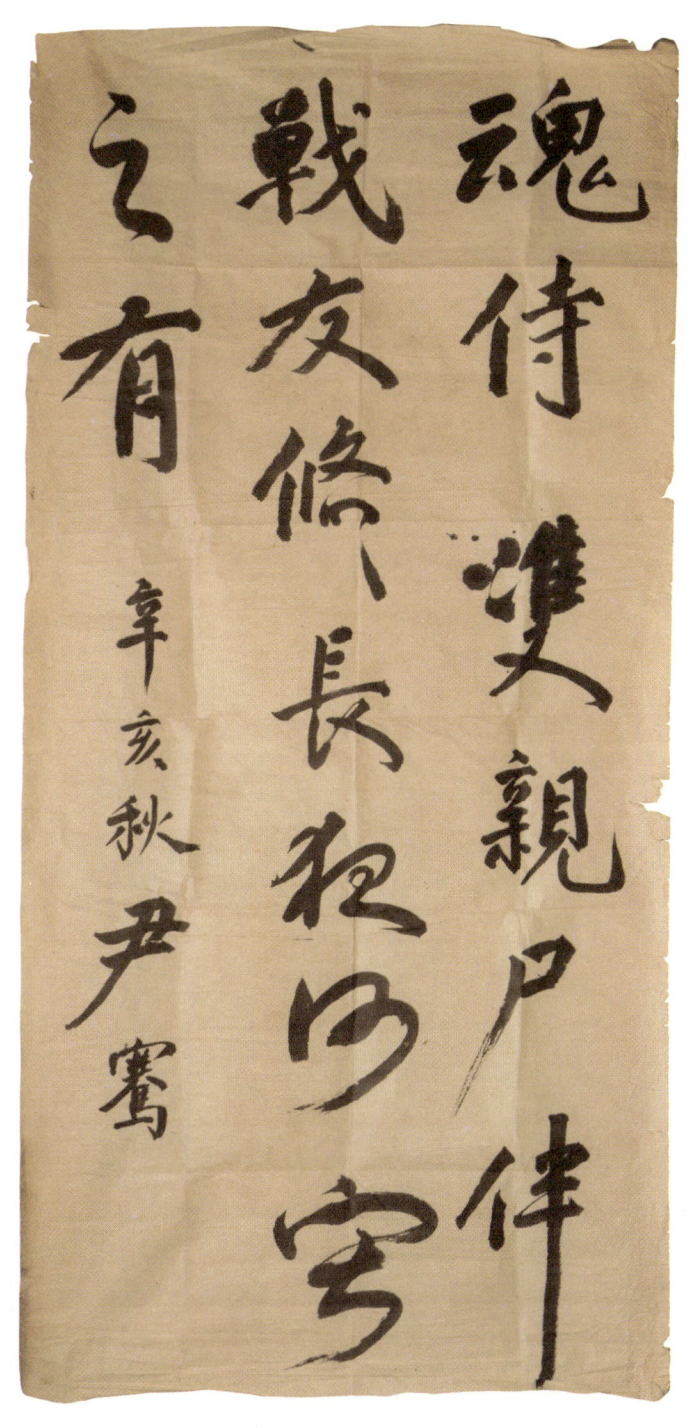

尹骞题字（1911年）

宫崎滔天家藏民国人物书札手迹（第八卷）

释读

魂侍双亲，尸伴战友。悠悠长夜，何寂之有。
　　辛亥秋　尹骞

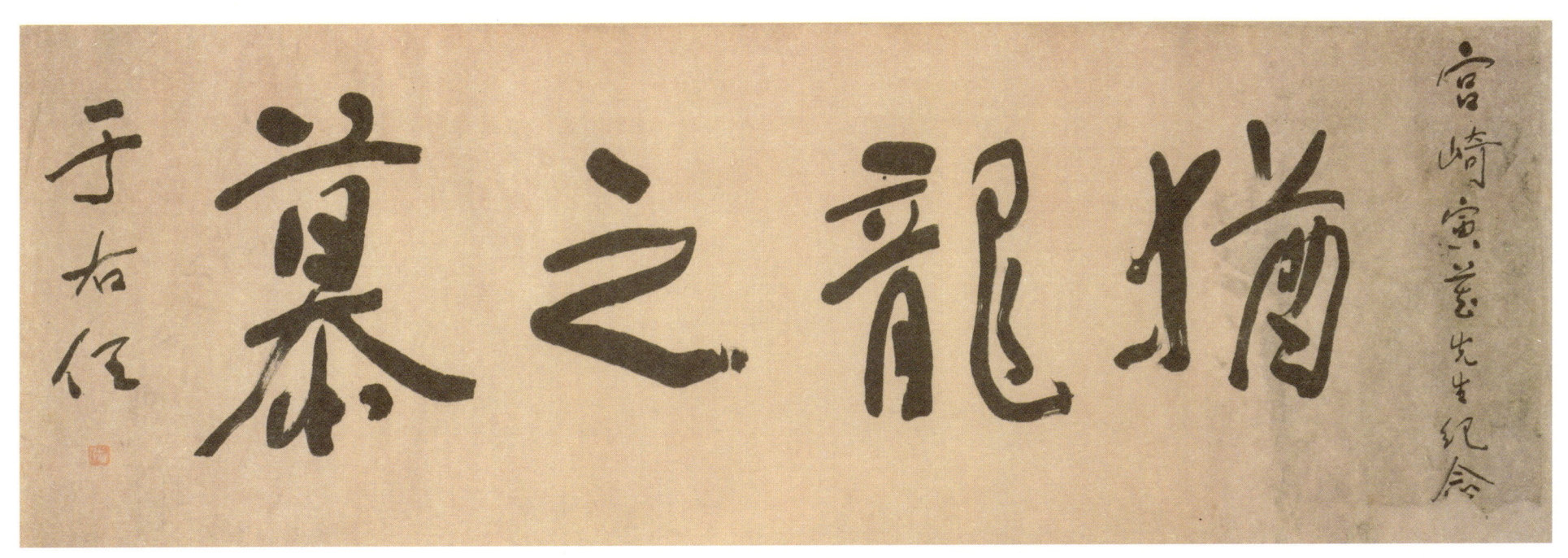

于右任题字

释读

犹龙之慕
　宫崎寅藏先生纪念
　　于右任

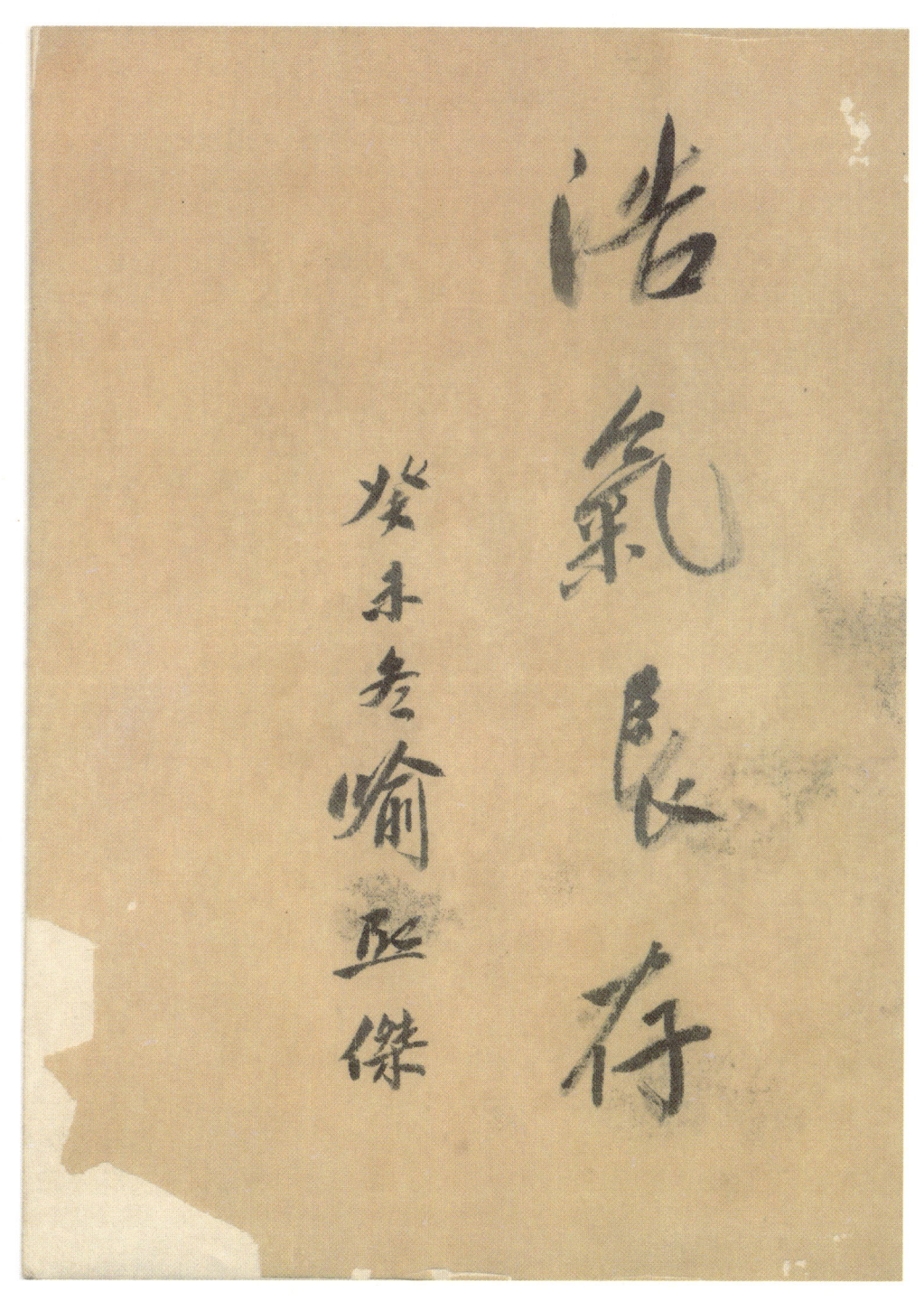

喻熙杰题字（1943年？）

释读

　　浩气长存

　　　　癸未冬　喻熙杰

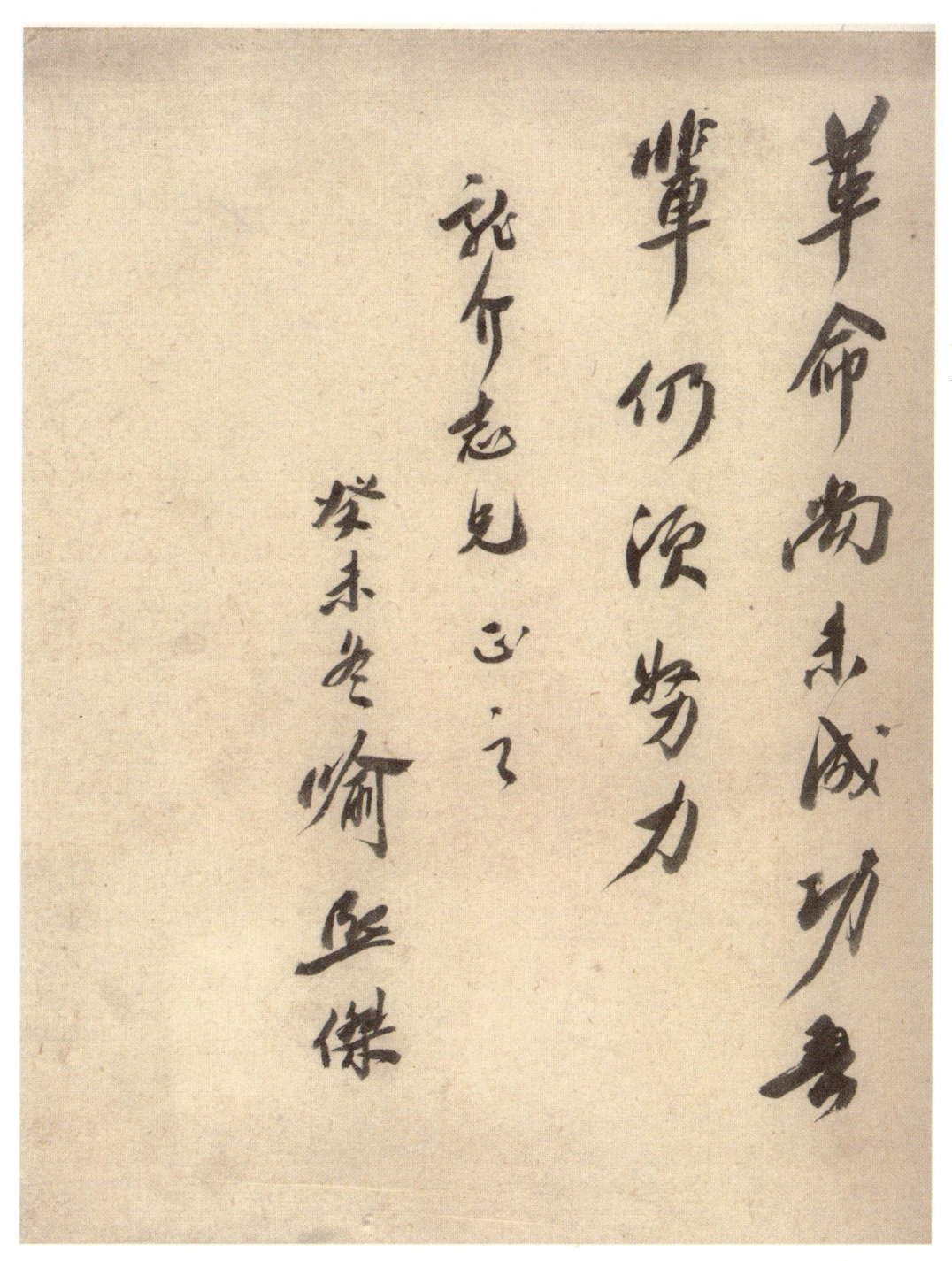

喻熙杰题字（1943年？）

释读

革命尚未成功，吾辈仍需努力。
　　龙介志兄正之
　　　　癸未冬　喻熙杰

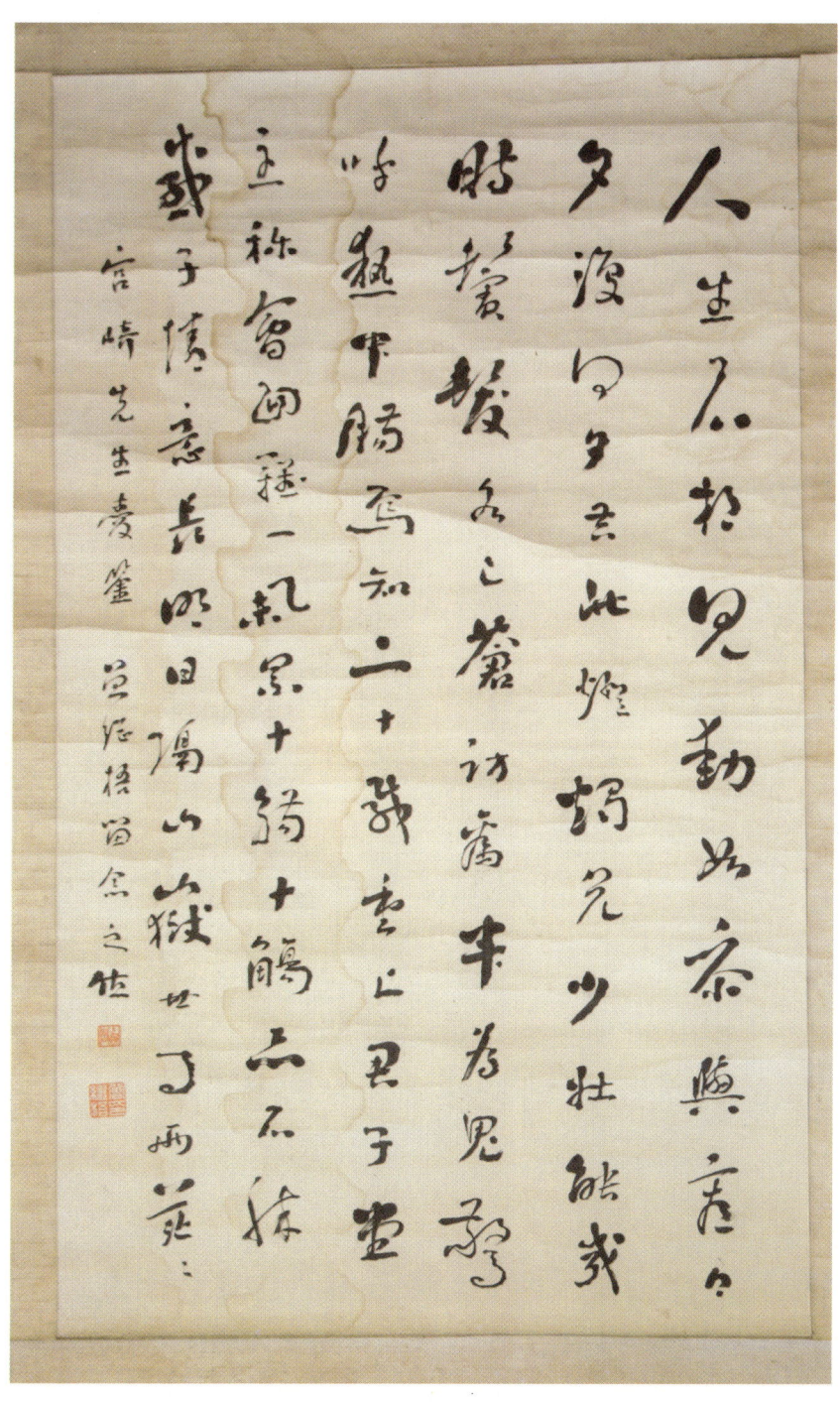

曾继梧题字

释读

  人生不相见，动如参与商。
  今夕复何夕，共此灯烛光。
  少壮能几时，鬓发各已苍。
  访旧半为鬼，惊呼热中肠。
  焉知二十载，重上君子堂。
  主称会面难，一举累十觞。
  十觞亦不醉，感子情意长。
  明日隔山岳，世事两茫茫。
   宫崎先生台鉴
    曾继梧留念之作

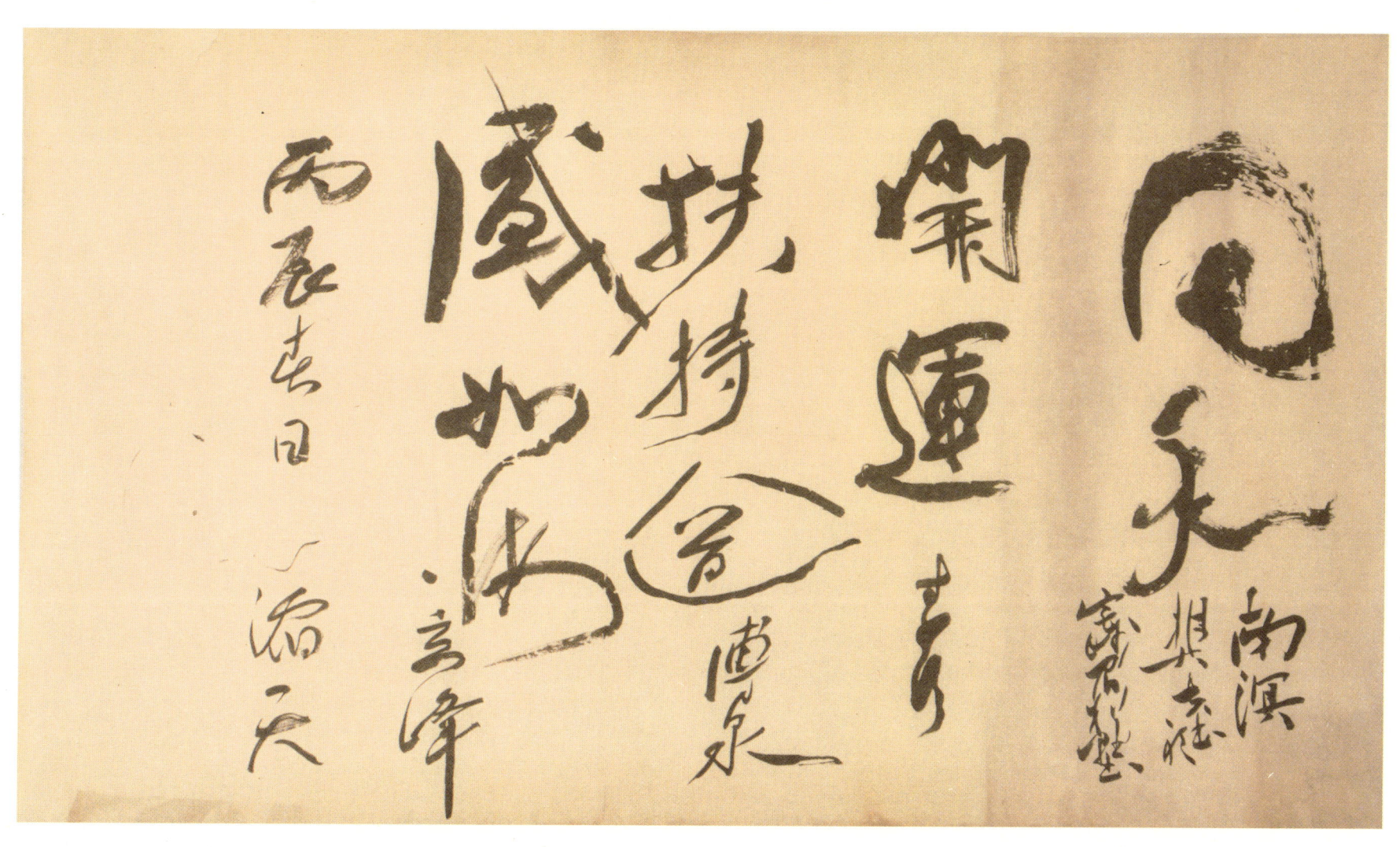

张继等人题字（1916年）

释读

　　回天　　南溟樵夫书于宫崎君别墅

　　开运　　素行

　　扶持人道　　溥泉

　　感如海　　立峰

　　丙辰春日　　滔天

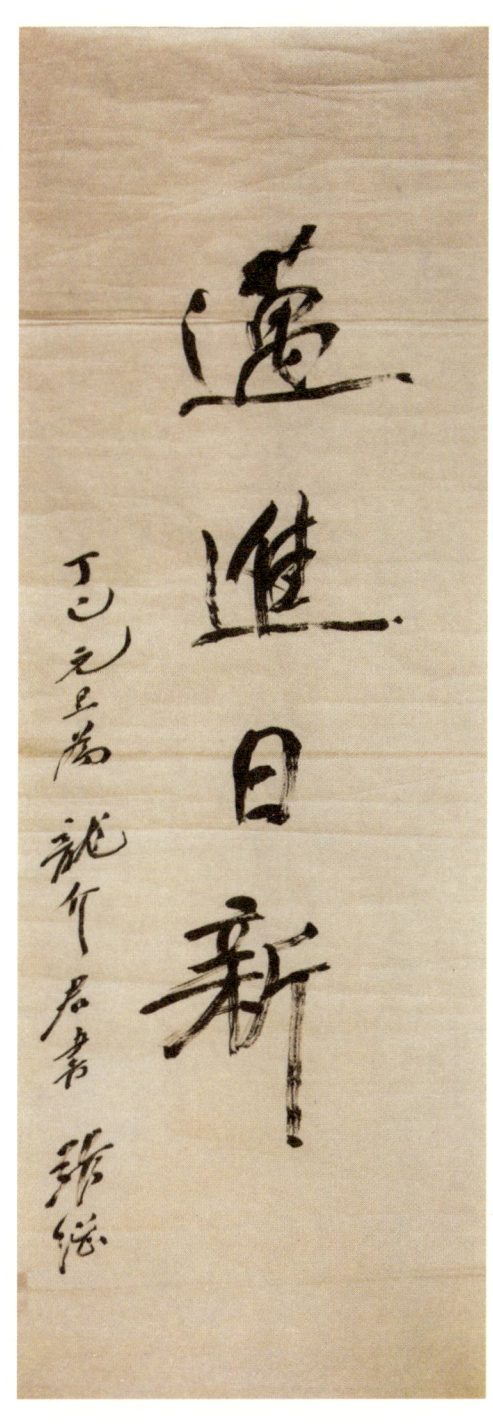

张继题字（1917年）

释读

迈进日新
　　丁巳元旦为龙介君书
　　　　　　张继

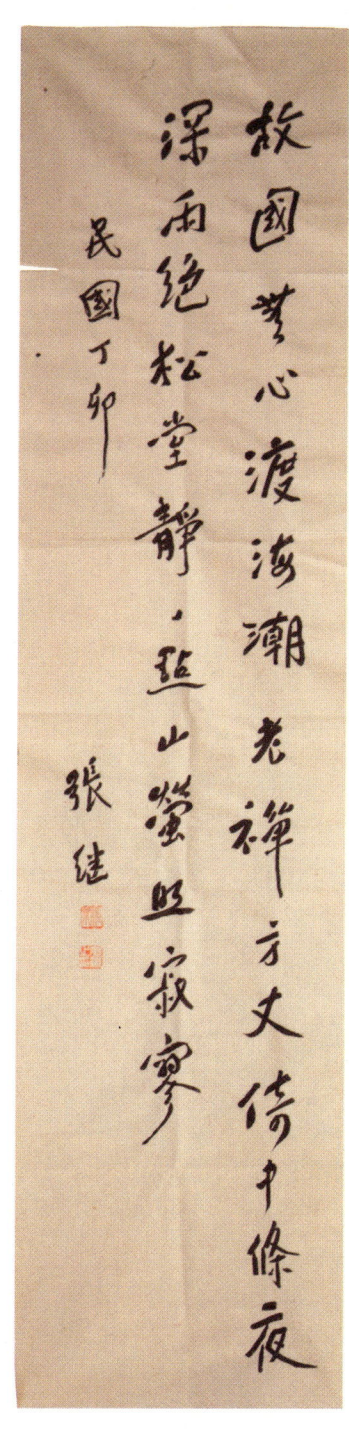

张继题字（1927年）

释读

故国无心渡海潮，老禅方丈倚中条。
夜深雨绝松堂静，一点山萤照寂寥。
　　民国丁卯　张继

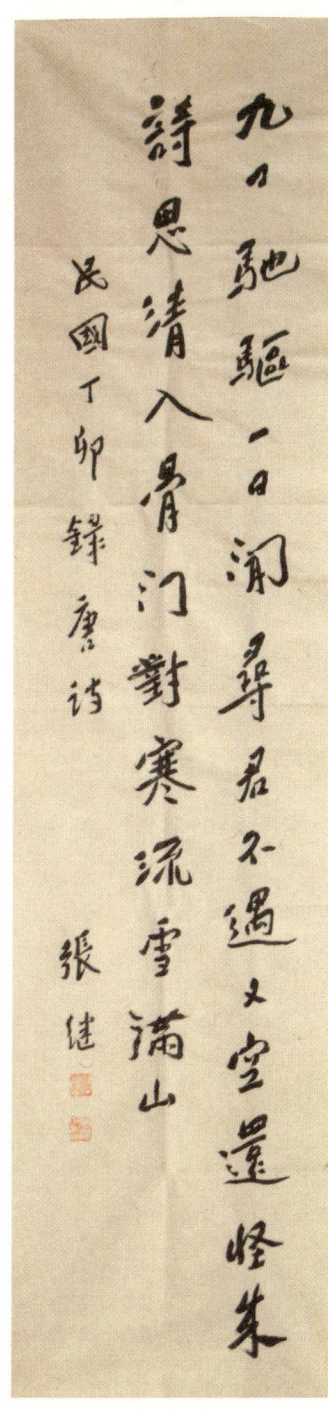

张继题字（1927年）

释读

九日驱驰一日闲，寻君不遇又空还。
怪来诗思清入〔人〕骨，门对寒流雪满山。
　　民国丁卯录唐诗　张继

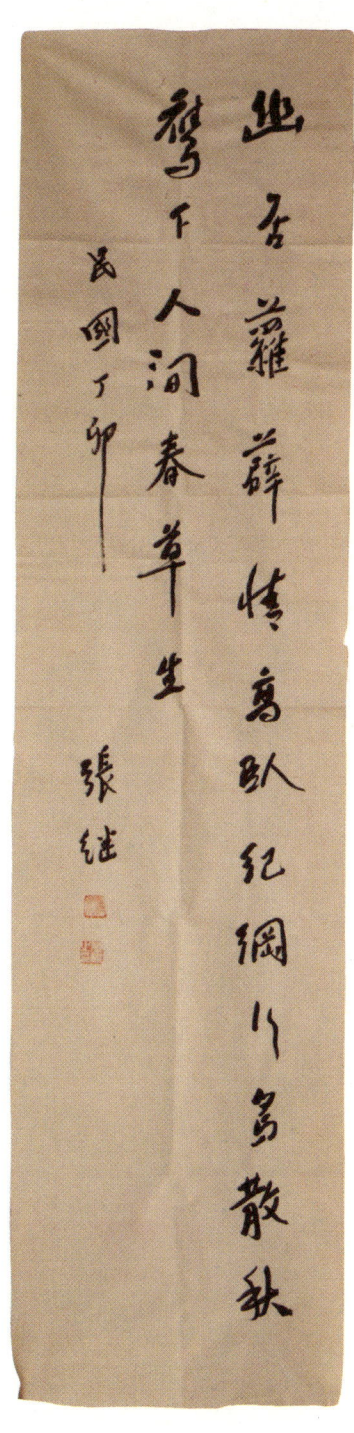

张继题字（1927年）

释读

　　幽居萝薜情，高卧纪纲行。
　　鸟散秋鹰下，人闲春草生。
　　　　民国丁卯　张继

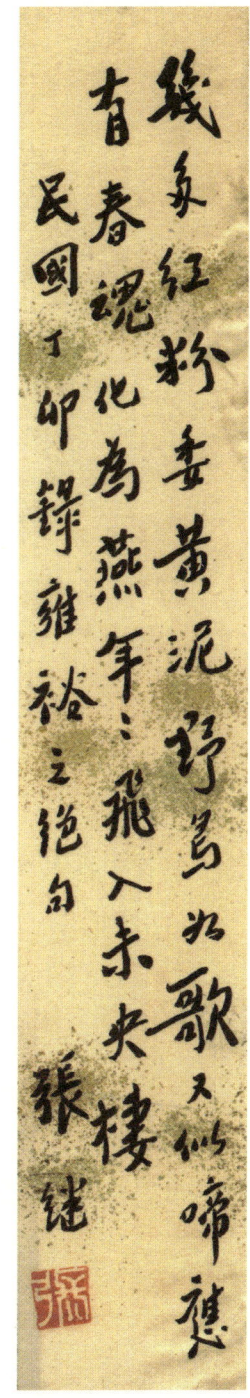

张继题字（1927年）

释读

几多红粉委黄泥，野鸟如歌又似啼。
应有春魂化为燕，年来飞入未央栖。
　　民国丁卯录雍裕之绝句　张继

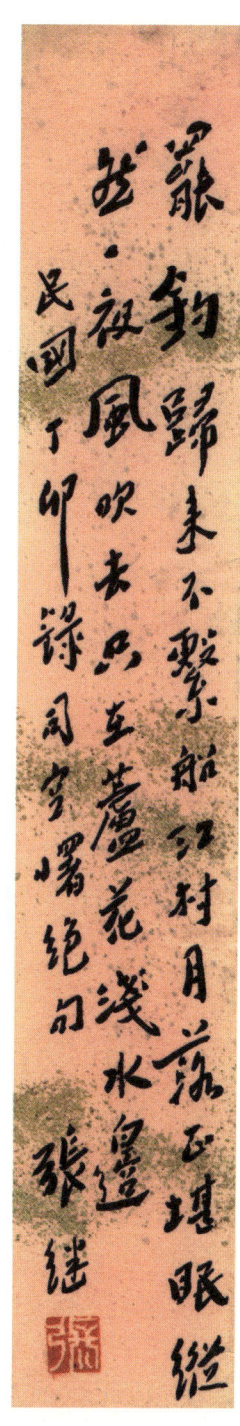

张继题字（1927年）

释读

  罢钓归来不系船,江村月落正堪眠。
  纵然一夜风吹去,只在芦花浅水边。
    民国丁卯录司空曙绝句 张继

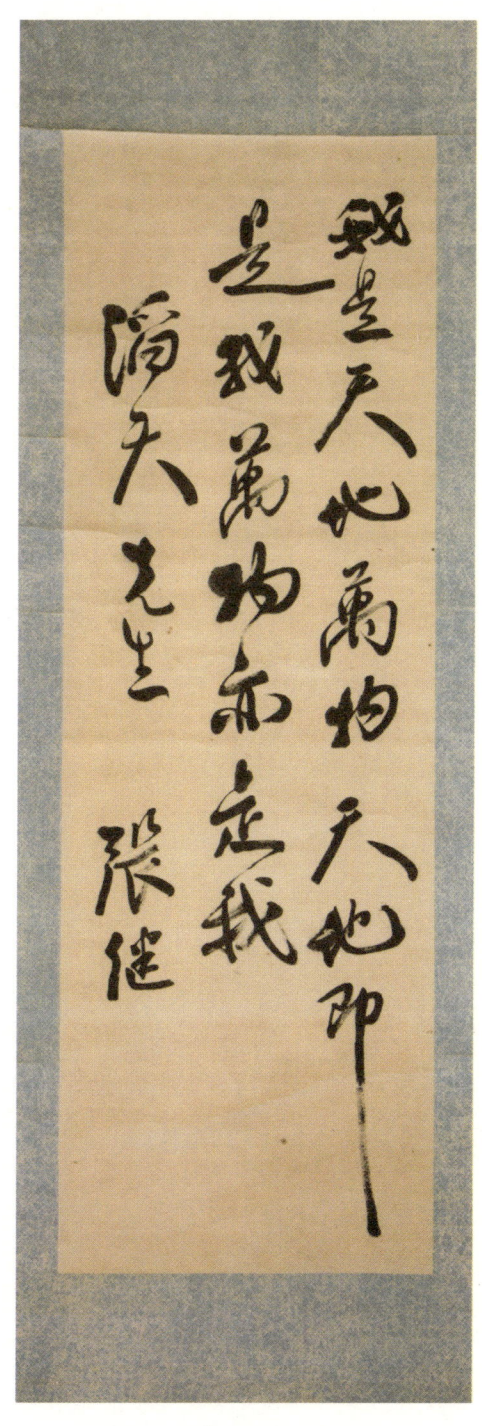

张继题字

释读

  我是天地万物。天地即是我,万物亦是我。
    滔天先生
      张继

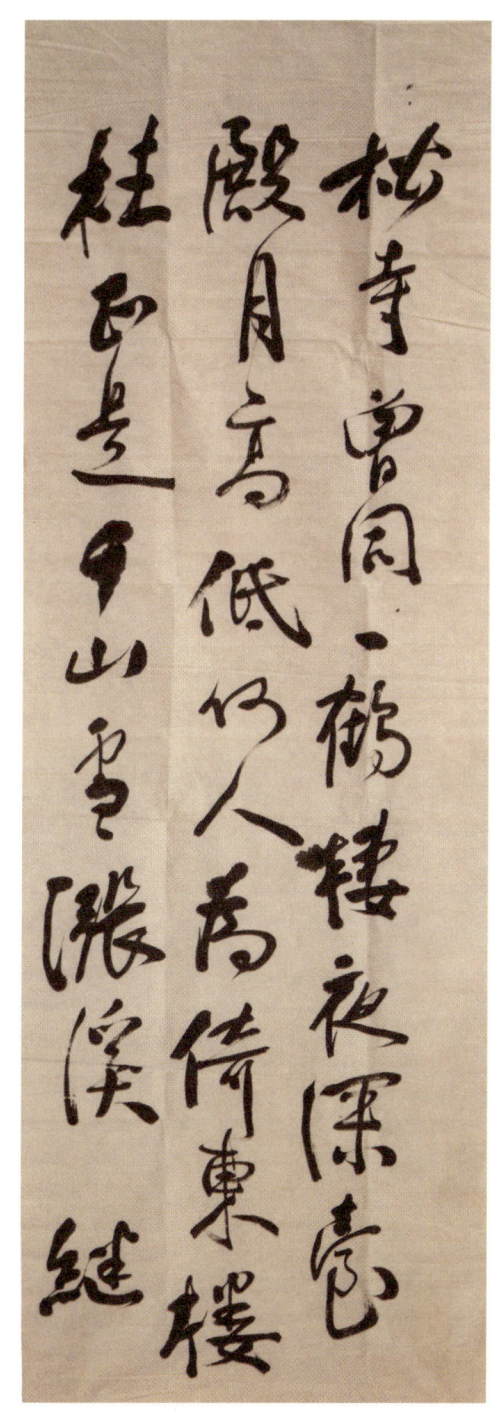

张继题字

释读

松寺曾同一鹤栖，夜深台殿月高低。
何人为倚东楼柱，正是千山雪涨溪。
　　继

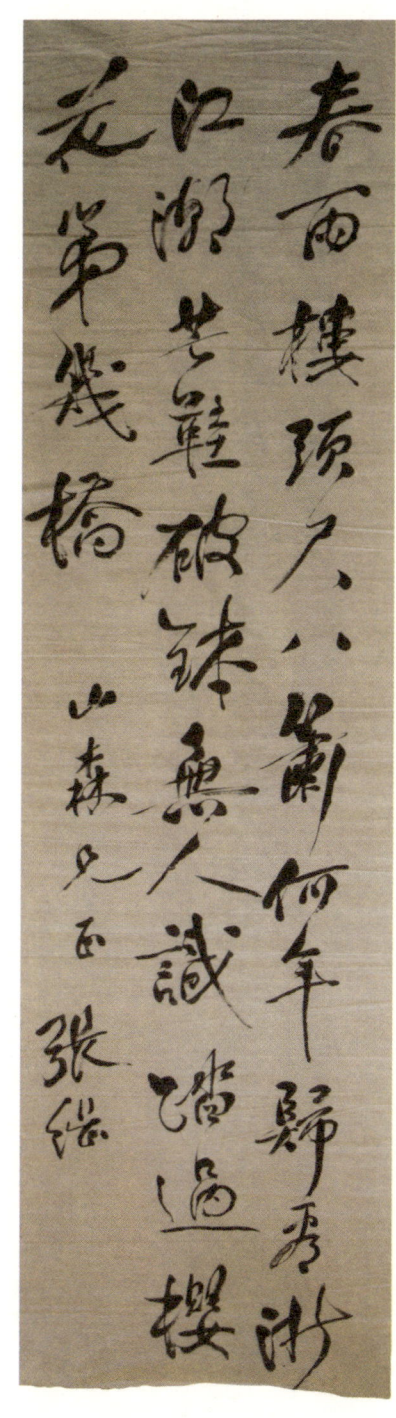

张继题字

释读

春雨楼头尺八箫，何年〔时〕归看浙江潮。
芒鞋破钵无人识，踏过樱花第几桥？
  山森兄正
    张继

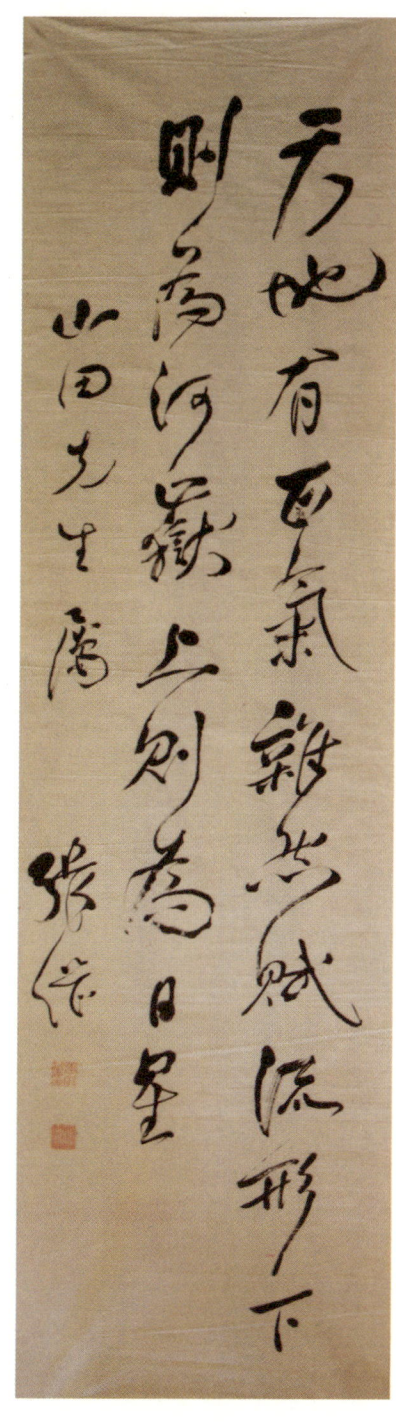

张继题字

释读

  天地有正气，杂然赋流形。
  下则为河岳，上则为日星。
   山田先生属
     张继

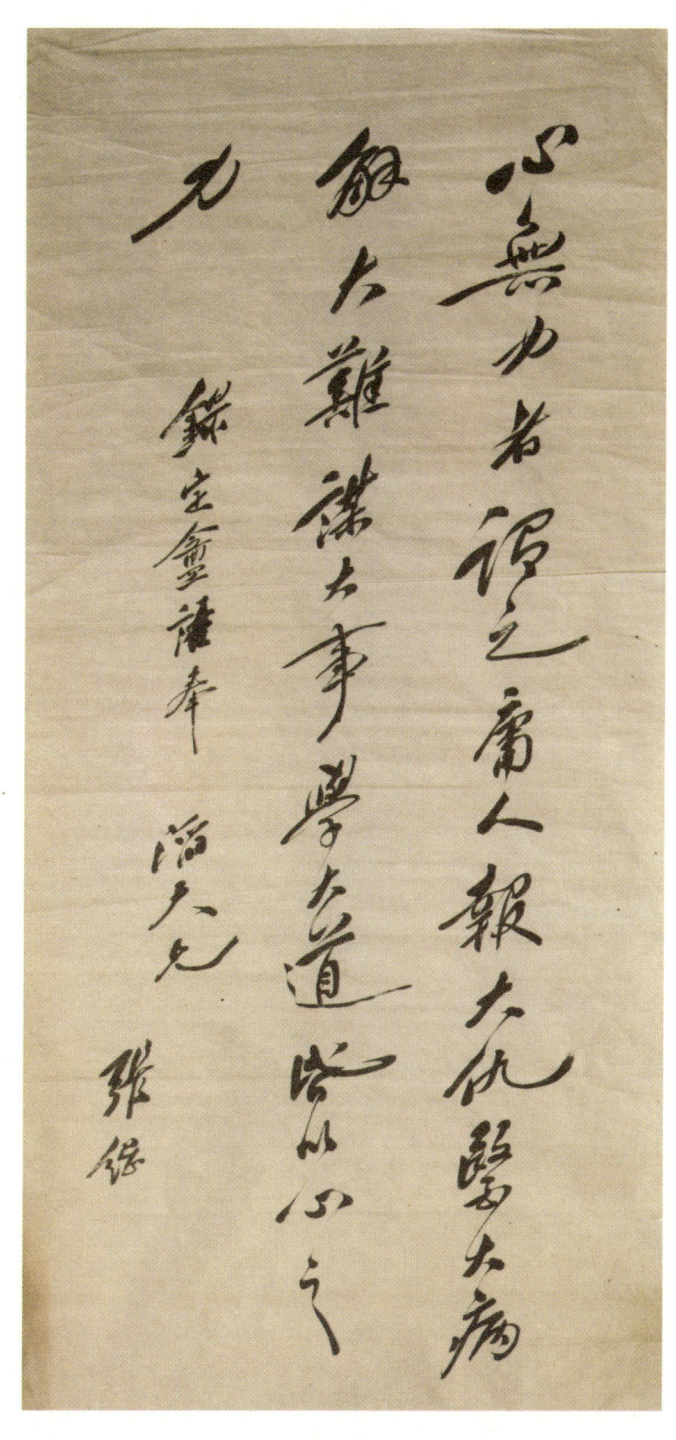

张继题字

释读

　　心无力者，谓之庸人。报大仇，医大病，解大难，谋大事，学大道，皆以心之力。
　　　　录定庵语奉
　　滔天兄
　　　　张继

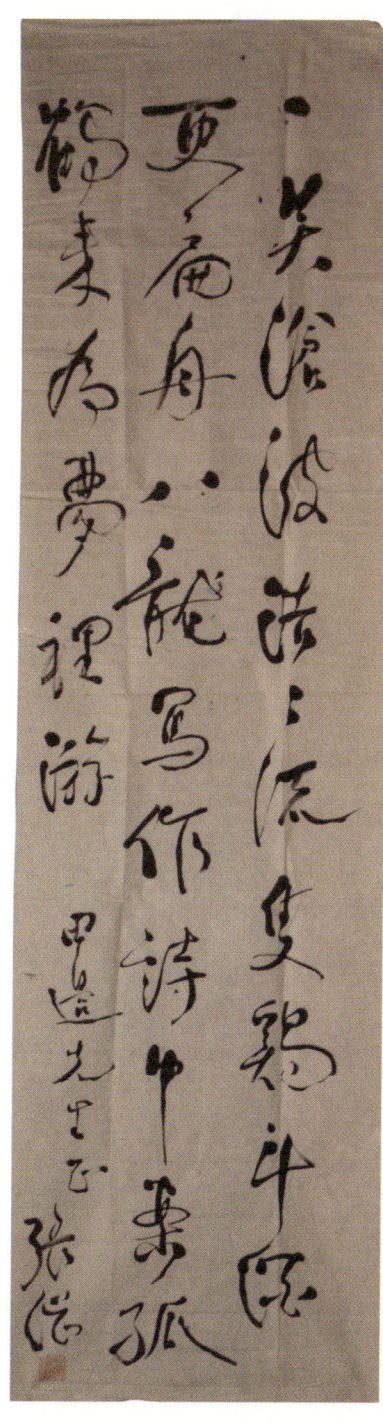

张继题字

释读

　　一笑沧波浩浩流，只鸡斗酒更扁舟。
　　八龙写作诗中案，孤鹤来为梦里游。
　　　　田边先生正
　　　　　　张继

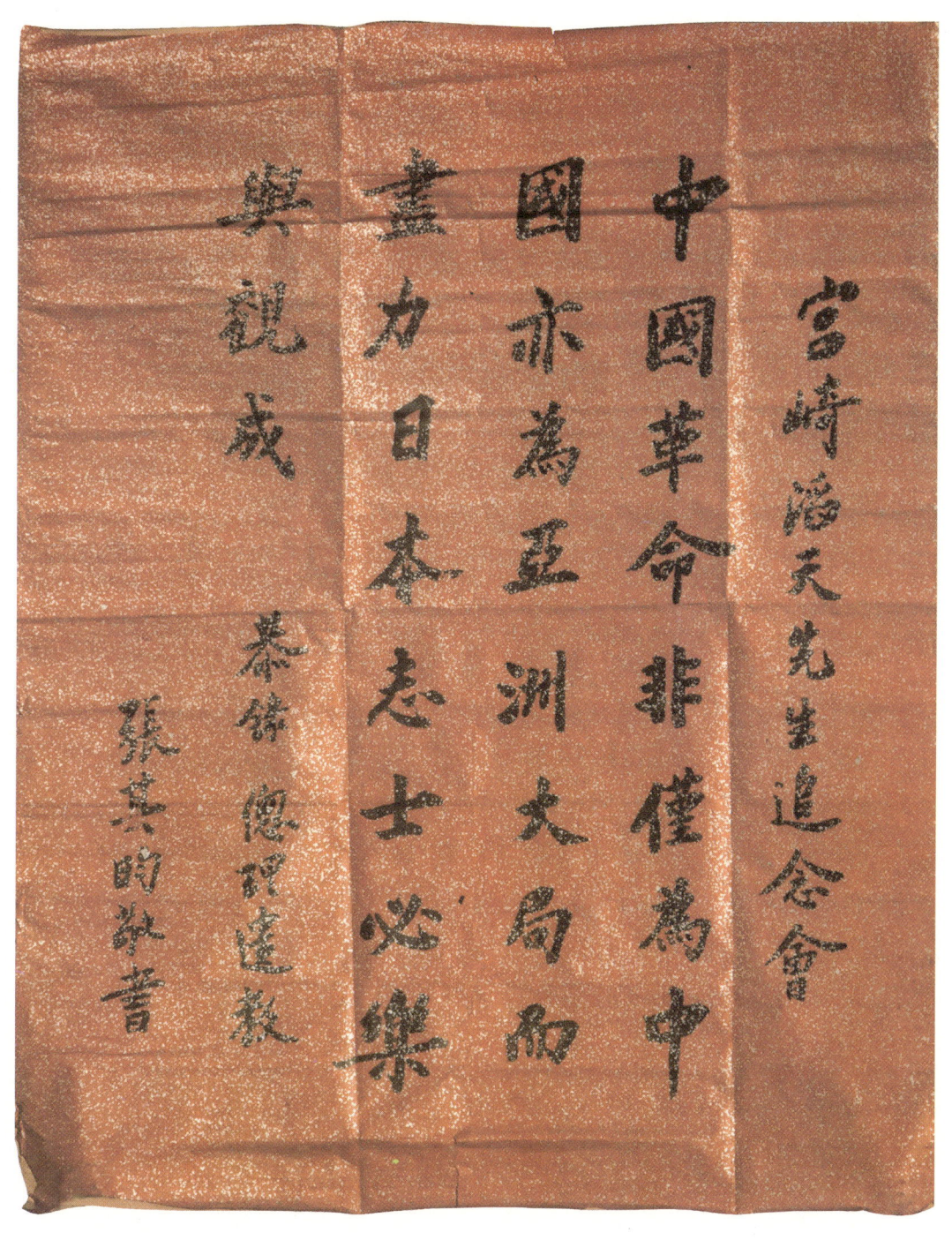

张其昀题字

释读

中国革命非仅为中国，亦为亚洲大局而尽力，日本志士必乐与观成。
宫崎滔天先生追念会
　恭录总理遗教
　　张其昀敬书

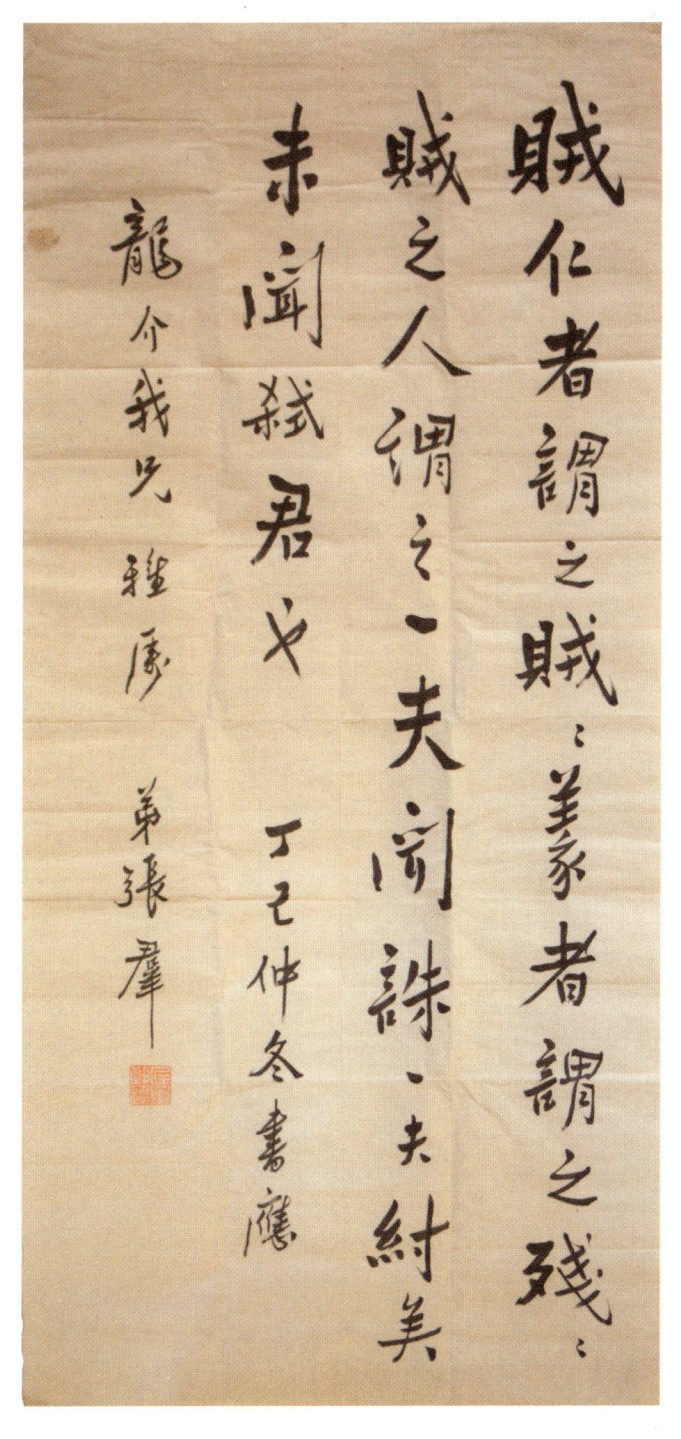

张群题字（1917年）

释读

贼仁者谓之贼，贼义者谓之残。残贼之人，谓之一夫。闻诛一夫纣矣，未闻弑君也。
  丁巳仲冬书应
 龙介我兄 雅属
   弟张群

霜草蒼蒼蟲切切 村南村北行人絶 獨出門前望野田 月明蕎麥花如雪

宮崎先生法家教正

丁巳仲冬書奉

岳軍張羣時客江戶

张群题字（1917年）

释读

霜草苍苍虫切切，村南村北行人绝。
独出门前望野田，月明荞麦花如雪。
　　丁巳仲冬书奉
　宫崎先生　法家教正
　　　　　岳军张群时客江户

张群题字（1927年）

释读

　　有容乃大，无欲则刚。
　　　　丁卯孟冬书为
　　　宫崎龙介同志兄正之
　　　　　　　　岳军张群

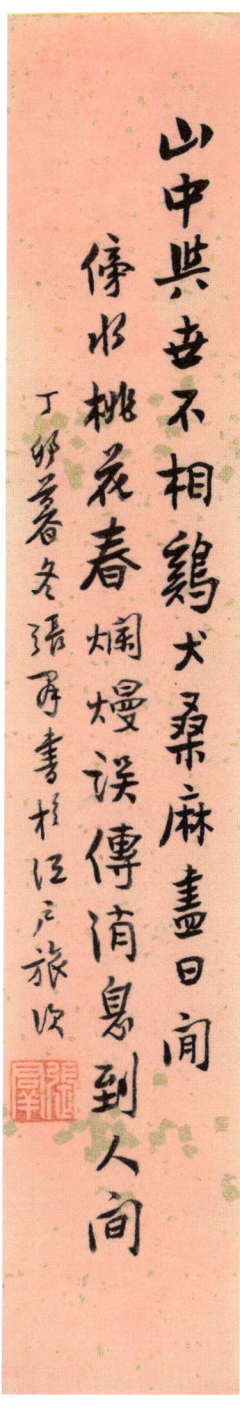

张群题字（1927年）

释读

　　山中与世不相〈关〉，鸡犬桑麻尽日闲。
　　傍水桃花春烂漫，误传消息到人间。
　　　　丁卯暮冬张群书于江户旅次

春花秋月何時了往事知多少小樓昨夜又東風故國不堪回首月明中雕欄玉砌應猶在只是朱顏改問君能有幾多愁恰是一江春水向東流

言崎兄 雅屬
岳軍 張群

张群题字

释读

春花秋月何时了，往事知多少。小楼昨夜又东风，故国不堪回首月明中。雕栏玉砌应犹在，只是朱颜改。问君能有几多愁，恰是〔似〕一江春水相〔向〕东流。

宫崎兄雅嘱

岳军张群

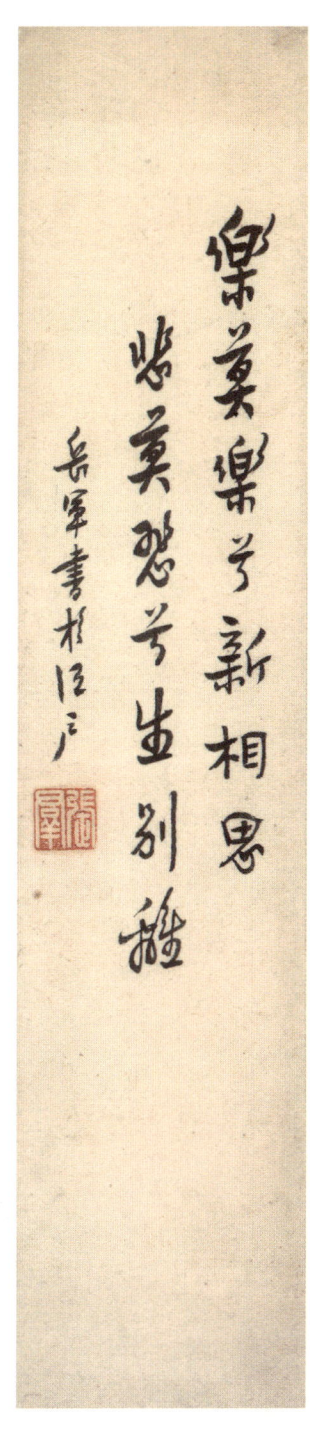

张群题字

释读

乐莫乐兮新相思〔知〕,悲莫悲兮生别离。
　　岳军书于江户

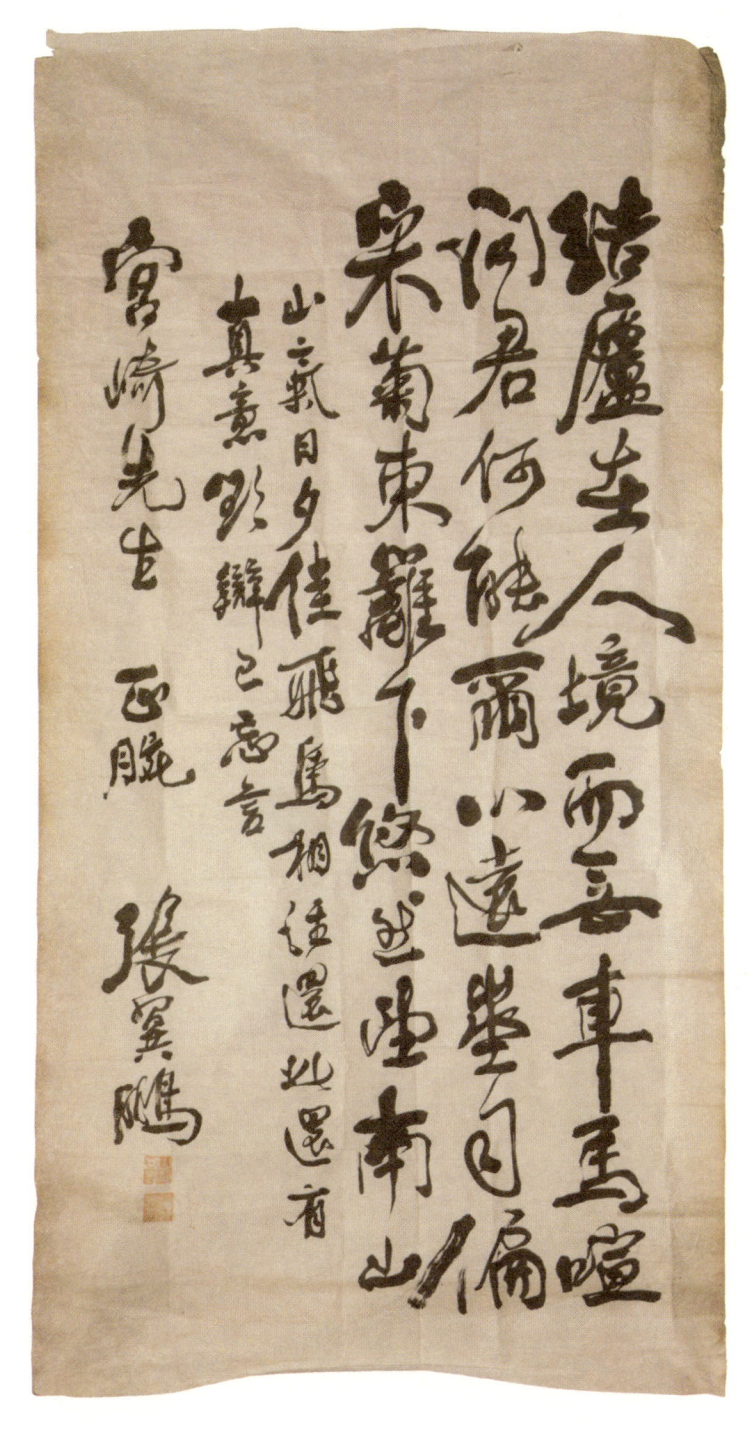

张翼鹏题字

释读

  结庐在人境,而无车马喧。
  问君何能尔?心远地自偏。
  采菊东篱下,悠然望南山。
  山气日夕佳,飞鸟相与还。
  此还有真意,欲辨已忘言。
   宫崎先生正腕
     张翼鹏

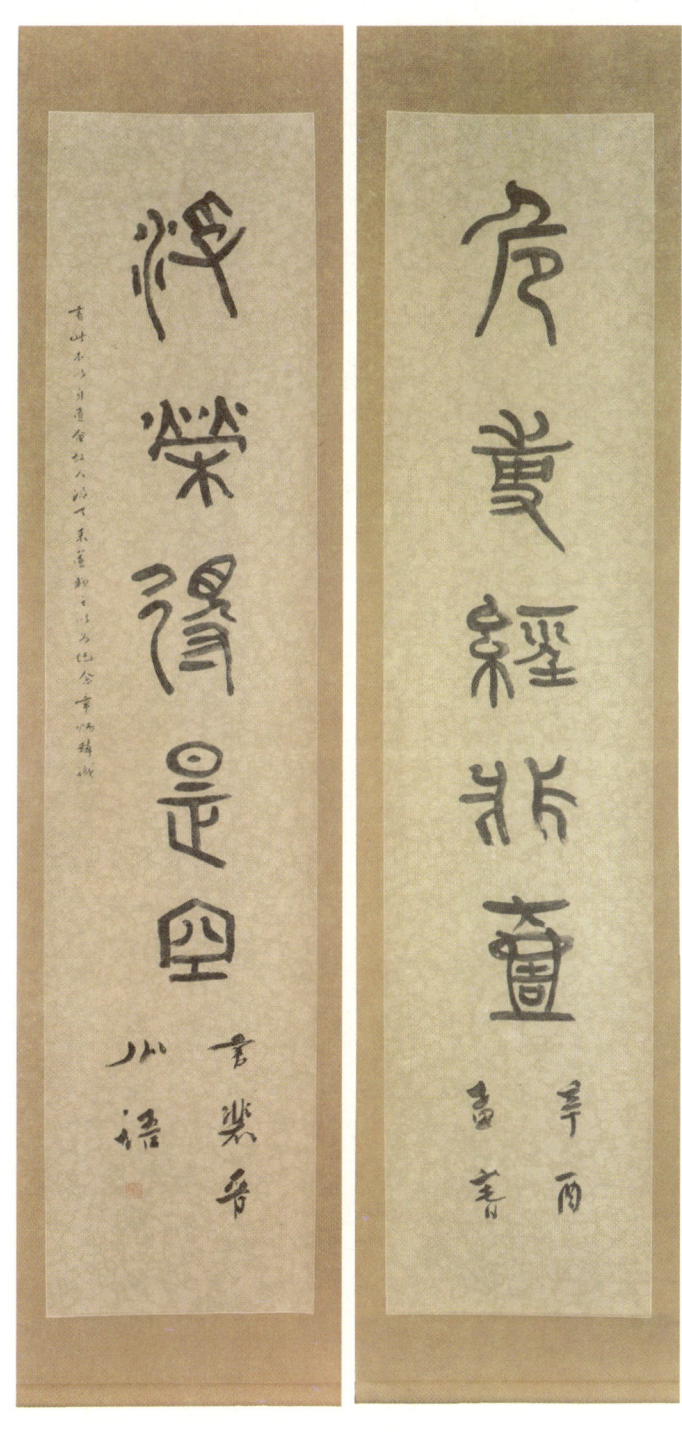

章炳麟题字（1921年）

释读

危事经非壹，浮荣得是空。
　　辛酉孟春　书裴晋公语
　　书此本以自省，会故人滔天来，遂赠之以为纪念。　章炳麟识

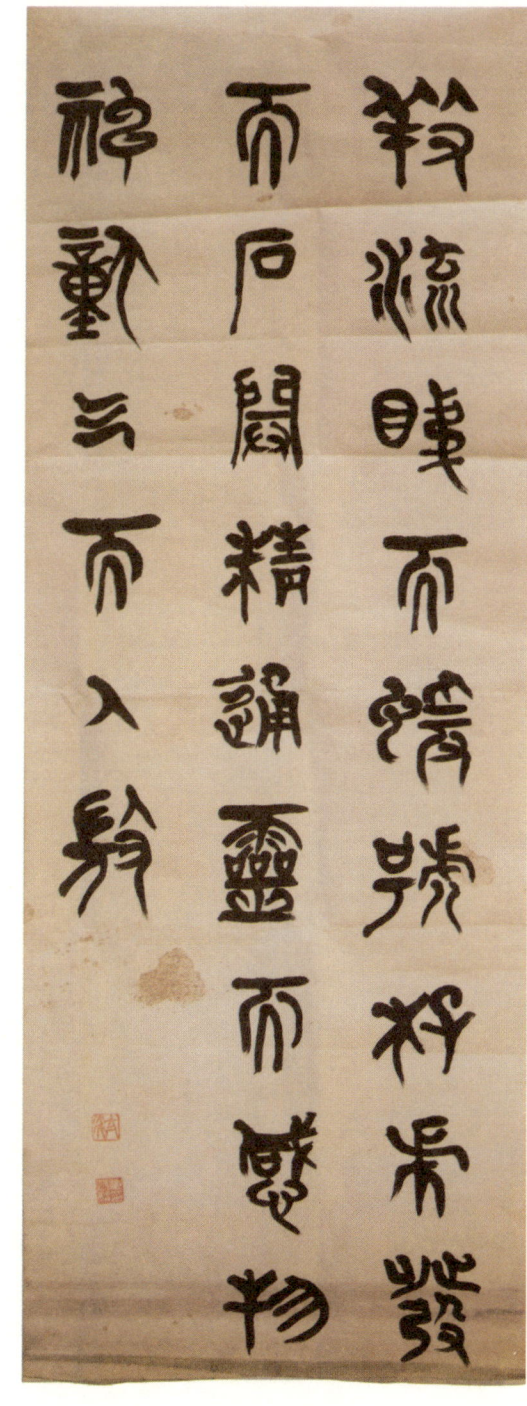

章炳麟题字

释读

养流睇而猿号,李虎发而石开。
精通灵而感物,神动气而入微。

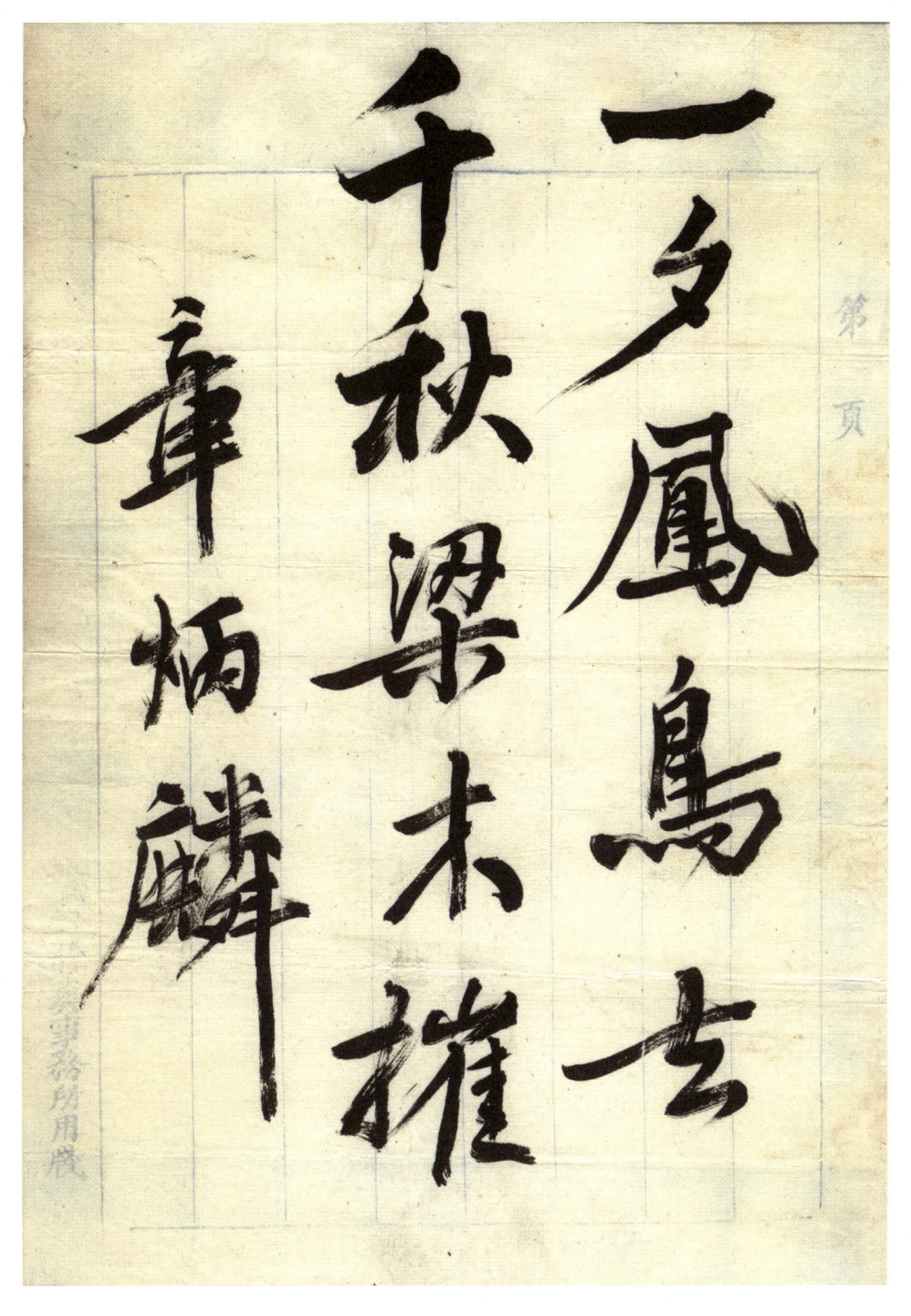

章炳麟题字

宫崎滔天家藏民国人物书札手迹（第八卷）

释读

　　一夕凤鸟去，千秋梁木摧。
　　　　章炳麟

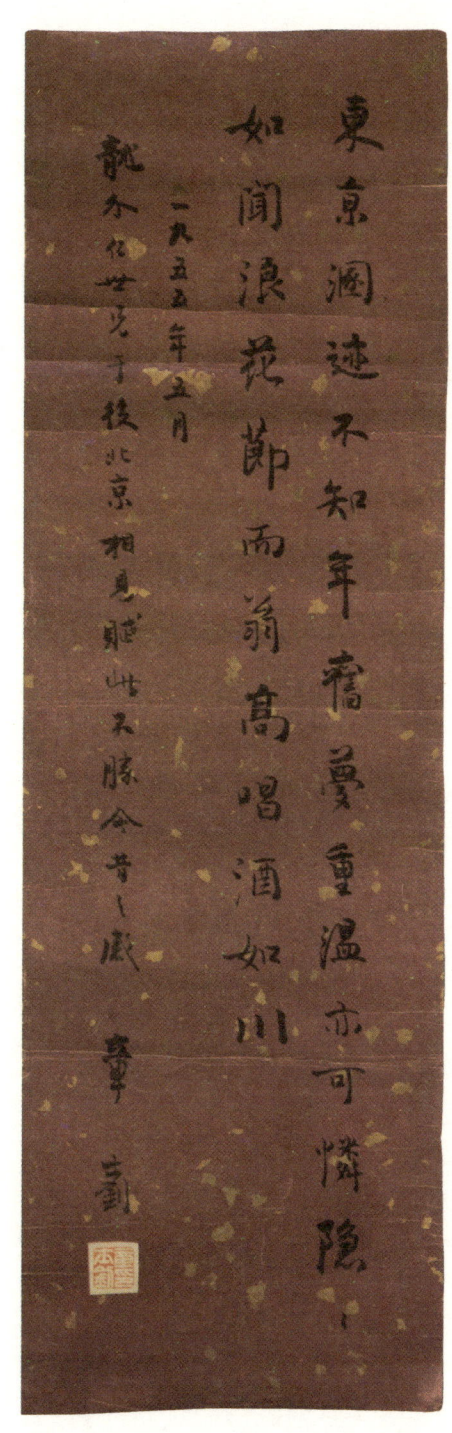

章士钊题字（1955年5月）

释读

东京溷迹不知年，旧梦重温亦可怜。
隐隐如闻浪花节，而翁高唱酒如川。
  一九五五年五月
 龙介仁世兄于后北京相见，赋此不胜今昔之感
  章士钊

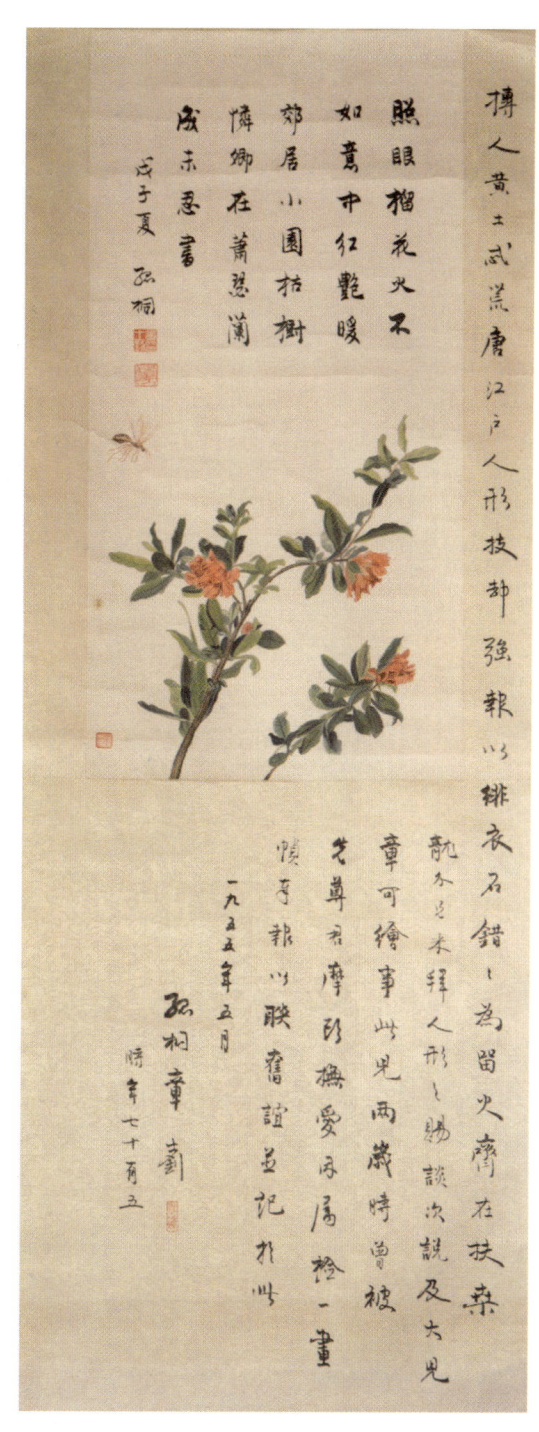

章士钊书画（1955年）

释读

照眼榴花火不如，意中红艳暖郊居。小园枯树怜卿在，萧瑟兰成未忍书。
  戊子夏　孤桐

抟人黄土忒荒唐，江户人形技却强。
报以绯衣石错错，为留火齐在扶桑。
  龙介兄来，拜人形之赐，谈次说及大儿章可绘事，此儿两岁时曾被先尊君摩头抚爱，因属拾一画帧奉报，以联旧谊，并记于此。
  一九五五年五月
  孤桐　章士钊　时年七十有五

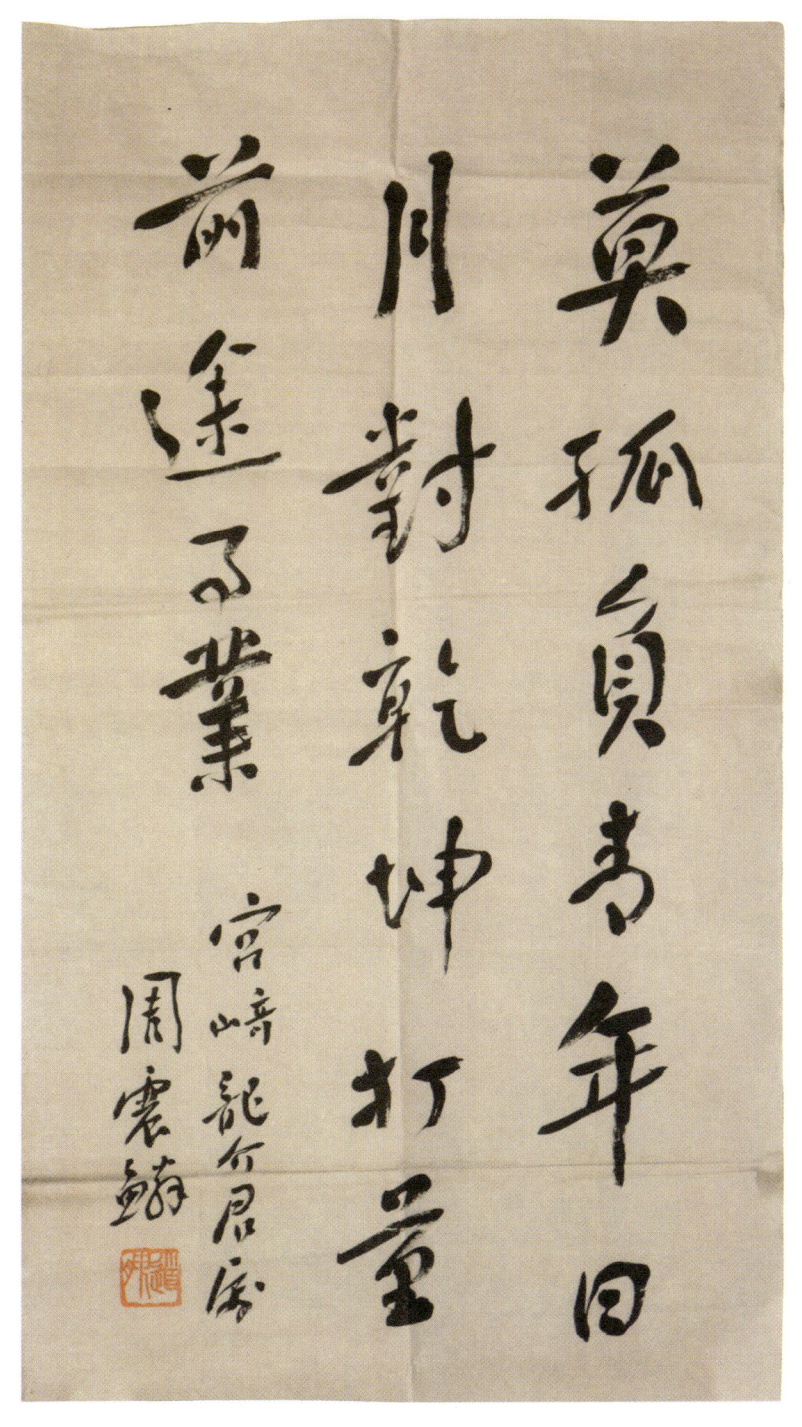

周震麟題字

释读

莫辜负青年日月，对乾坤打量前途事业。
　　宫崎龙介君属
　　　　周震麟

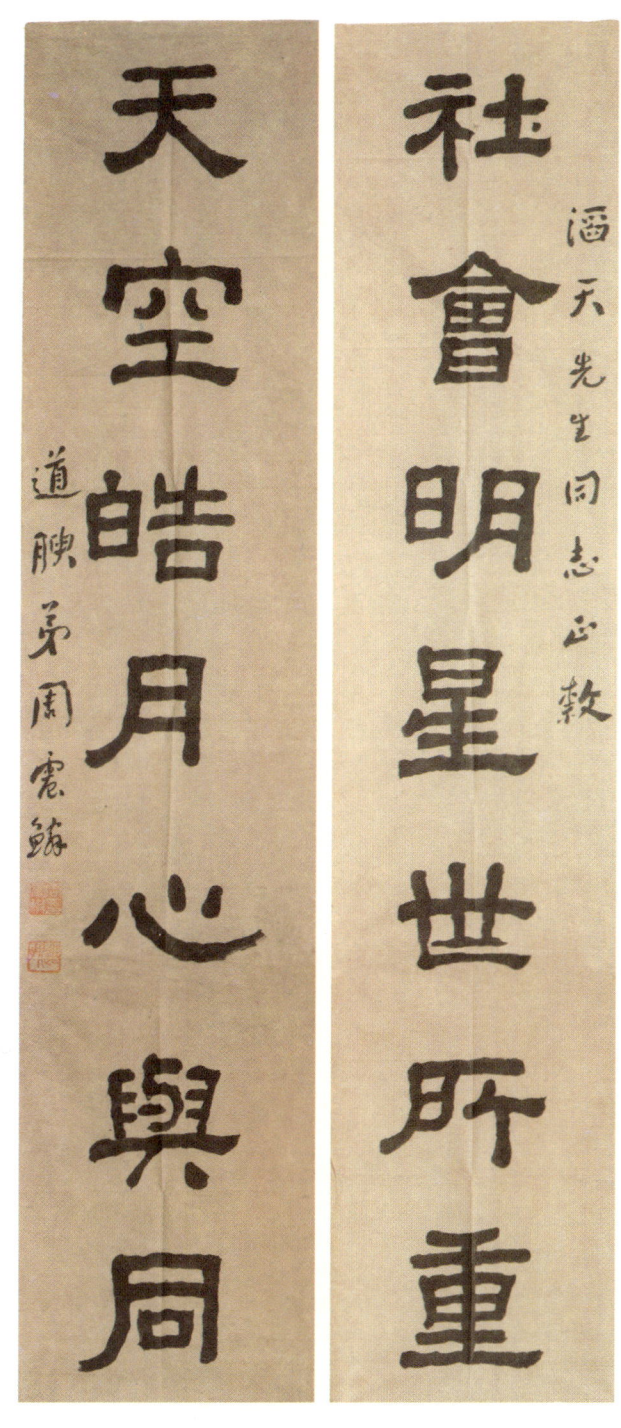

周震麟题字

释读

社会明星世所重，天空皓月心与同。
　　滔天先生同志正教
　　　　　道腴弟周震麟

忠厚留有餘地步

和平養無限天機

宮崎龍介先生教正

後學 周植曾敬呈

一九八七九月於東京

周植曾題字

释读

忠厚留有余地步,和平养无限天机。
  宫崎龙介先生教正
    后学周植增敬呈 一九六七 九月于东京

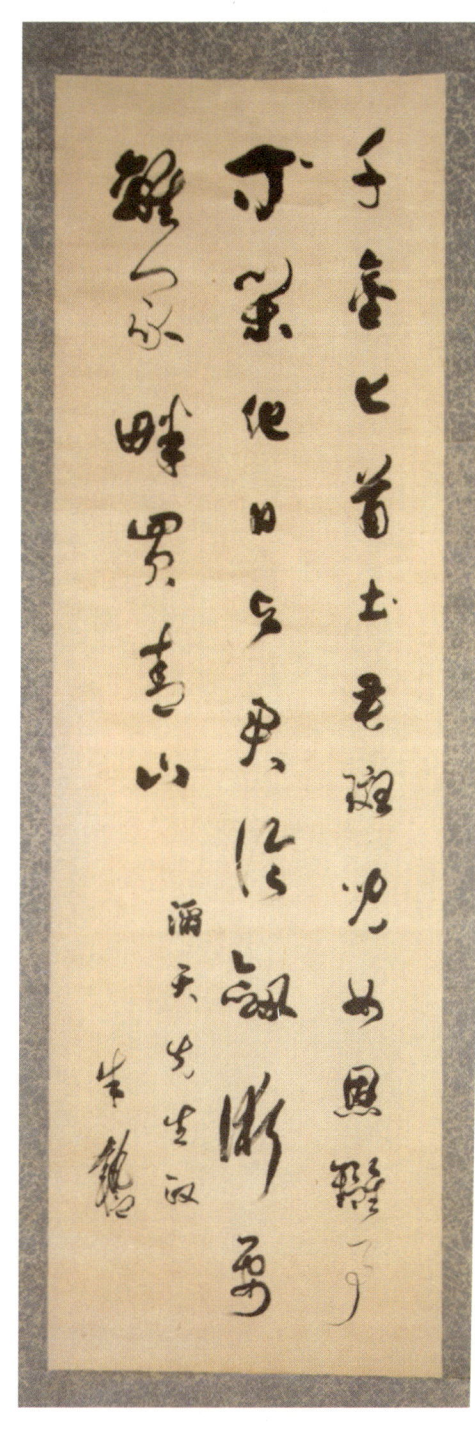

朱执信题字

释读

千金匕首土花斑，儿女恩仇事等闲。
他日与君论剑术，要离冢畔买青山。
　　滔天先生政
　　　朱执信

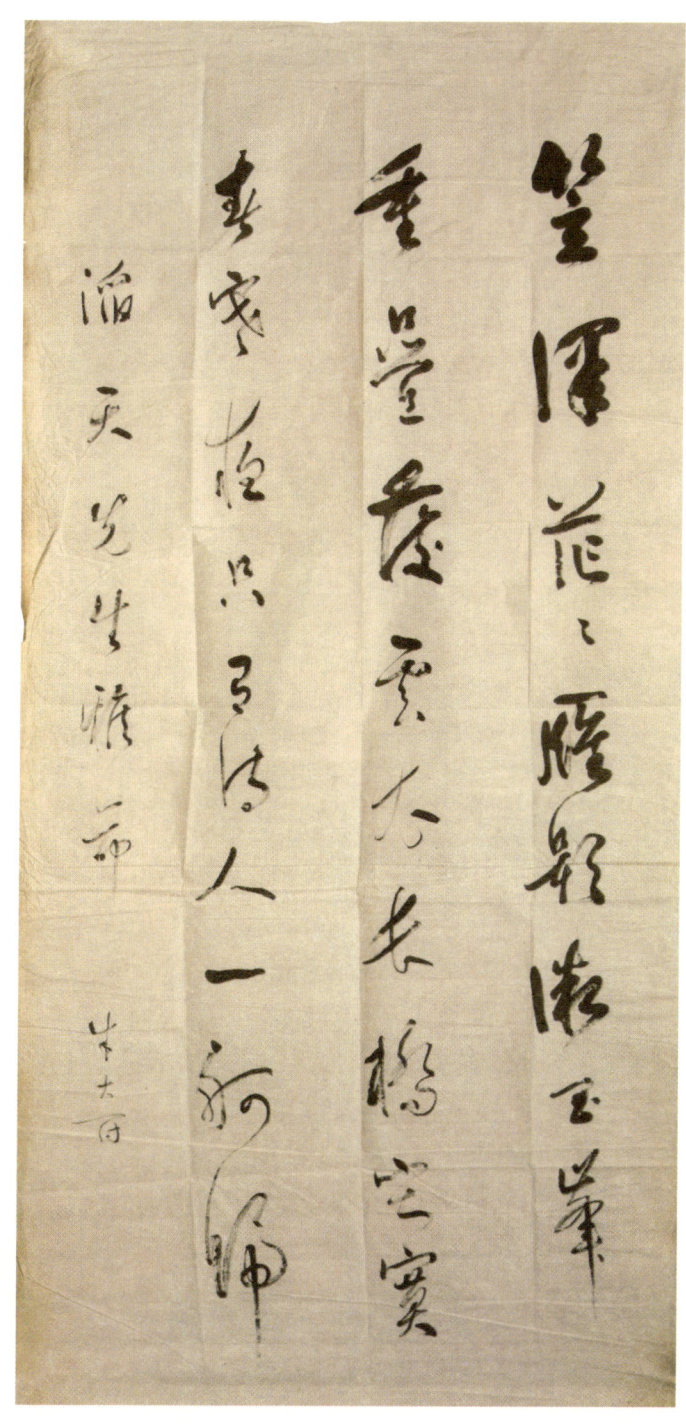

朱执信题字

释读

笠泽茫茫雁影微,玉峰重叠护云衣。
长桥寂寞春寒夜,只有诗人一舸归。
　滔天先生雅命
　　　朱大符

邹鲁题字（1927年）

释读

　　司徒臣雄、司空臣戒稽首言：鲁前相瑛书言：诏书崇圣道，孔子作《春秋》，制《孝经》，经纬天地，幽赞神明，故特立庙。褒成侯四时来祠，事已即去。庙有礼器，无常人掌领。
　　宫崎震作先生来游中国，晤于上海，临汉孔庙，请置百石卒史碑以赠，用作纪念。时中华民国十六年夏
　　　　邹鲁

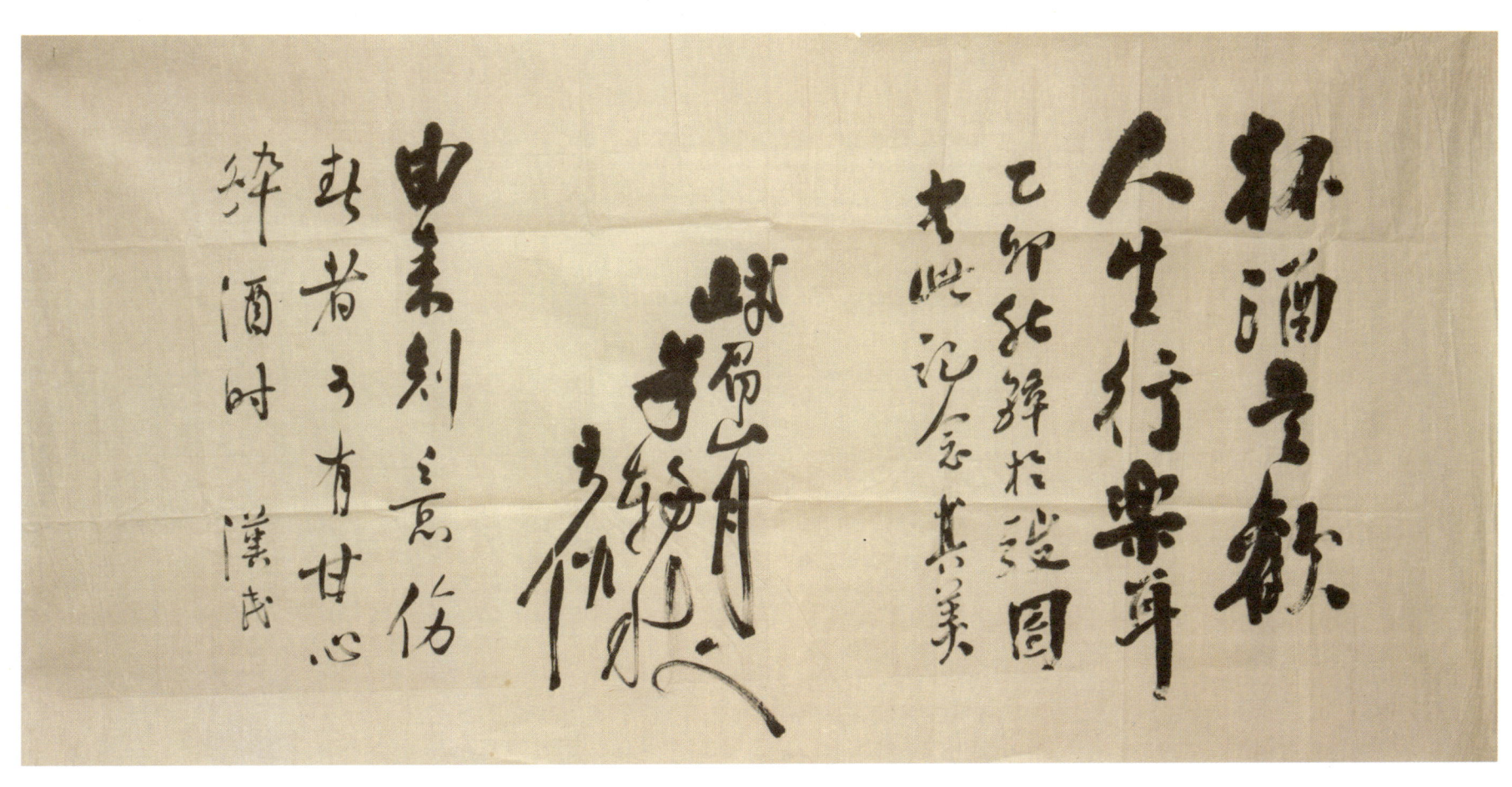

陈其美、戴季陶、胡汉民题字（1915年）

释读

杯酒言欢，人生行乐耳。
　　乙卯秋醉于猨园，书此纪念
　　　其美
峨眉山月半轮秋。
　　　天仇
由来刻意伤春者，可有甘心醉酒时。
　　　汉民

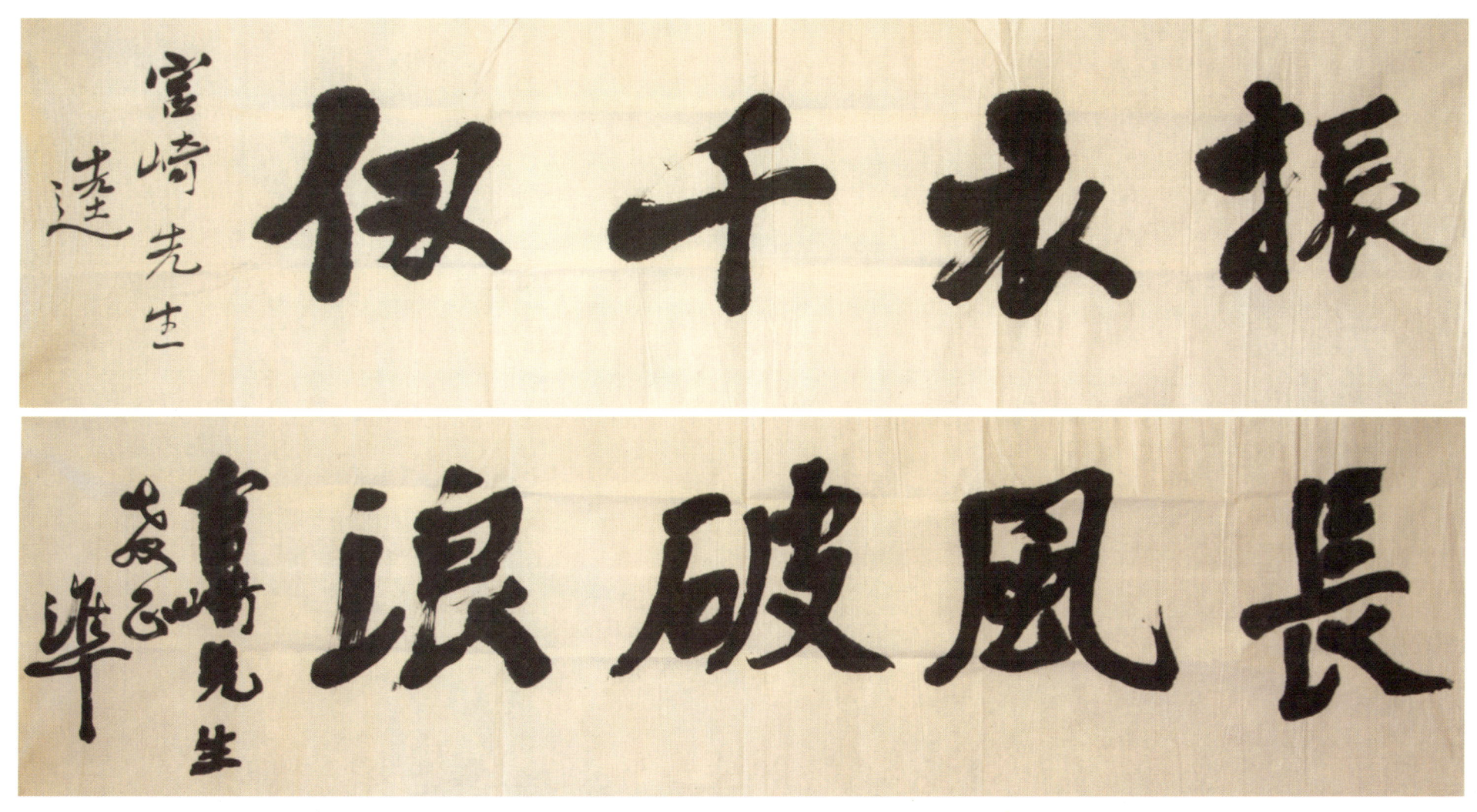

陆鸿逵、张孝准题字

释读

振衣千仞
  宫崎先生
    逵
长风破浪
  宫崎先生教正
    准

中印青年同志会筹备委员会挽联

释读

东方豪侠
　　滔天先生逝世第九周年纪念
　　　　中印青年同志会筹备委员会敬挽

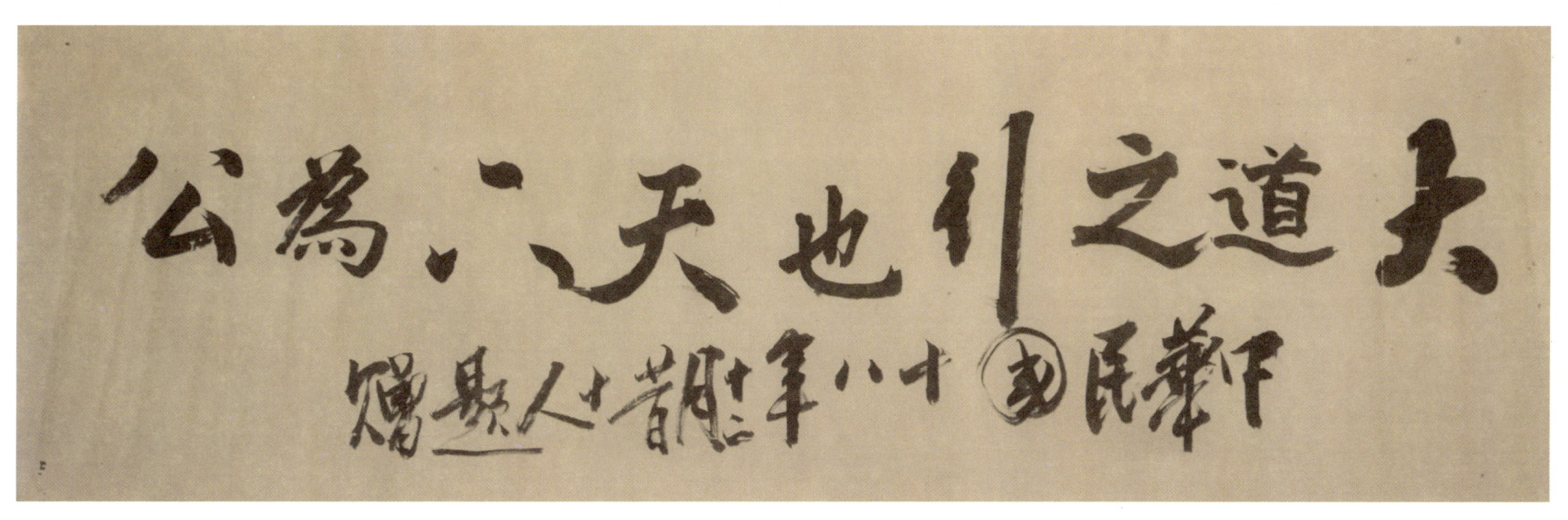

十人題字（1929年12月21日）

释读

　　大道之行也天下为公
　　　　中华民国十八年十二月廿一日十人题赠

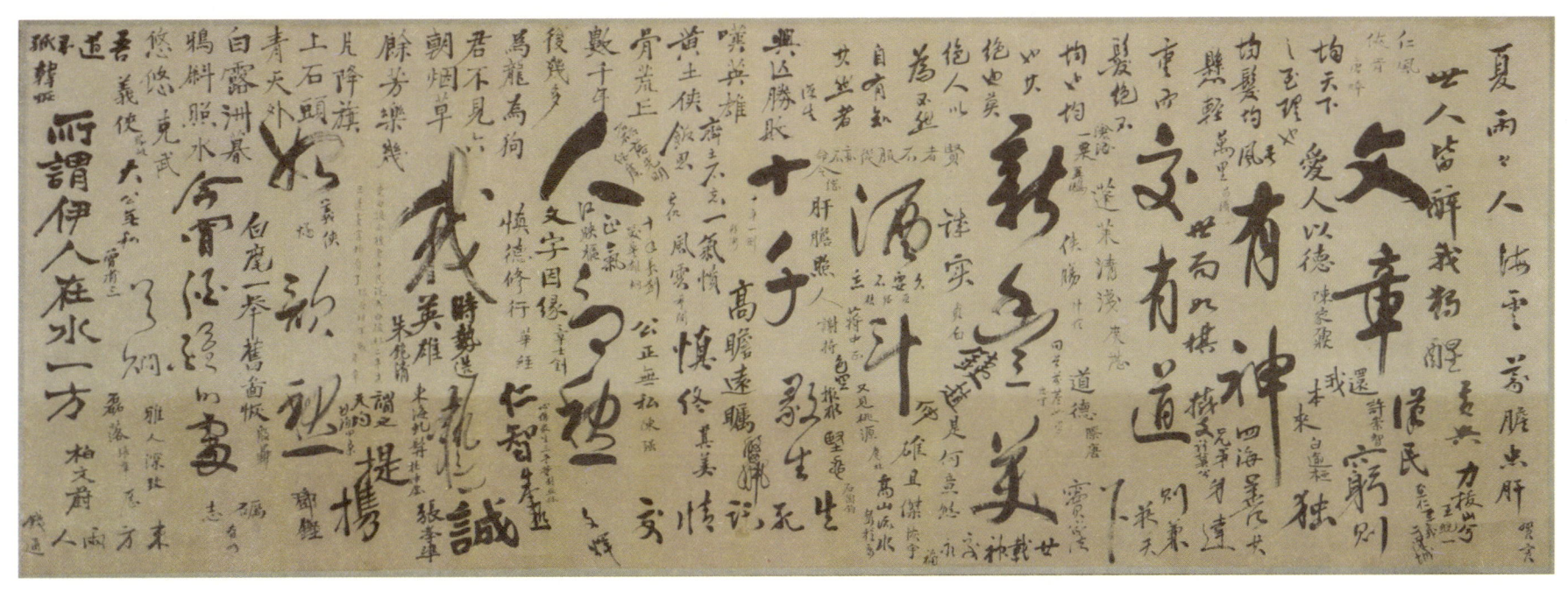

众民国人物题字

释读

  文章有神交有道
    汉民（胡汉民）
  新丰美酒斗十千
    毅生（胡毅生）
  人言愁我始欲愁
    执信（朱执信）
  夏雨雨人
    海云（李海云）
  义胆忠肝
    贺宾（李贺宾）
  世人皆醉我独醒
    黄兴
  力拔山兮
    王统一
  仁风侠骨
    唐蟒
  至仁至义
    方汉城
  均，天下之至理也。均发均悬，轻重而发绝，不均也。均也，其绝也，莫绝。人以为不然，自有知其然者也。
    复生（黄复生）
  爱人以德
    陈家鼐
  还我本来
    白逾桓
  穷则独善其身，达则兼并天下
    窦家法

春风万里
　　昌济
世局如棋
　　牺支（唐牺支）
四海兄弟
　　许冀公
沧海一粟
　　翼鹏（张翼鹏）
蓬莱清浅
　　庶堪（杨庶堪）
侠肠
　　仲恺（廖仲恺）
道德
　　际唐（余际唐）
回首前尘如梦
　　懋辛（但懋辛）
贤者不服从亦不命令
　　继（张继）
诚实
　　贞白（李贞白）
久要不忘
　　曾继梧
铁
　　赵伸
是何意态雄且杰
　　恢宇（邓恢宇）
廿载神交
　　永福（张永福）

肝胆照人
> 谢持
> 蒋中正

又见桃源
> 庆林

色空
> 振雄（林振雄）

坚忍
> 石陶钧

高山流水
> 彭程万

生死托情交
> 文烊

兴亡成败，叹英雄黄土，侠骨荒丘。数千年后，几多为龙为狗。君不见六朝烟草余芳乐，几片降旗上石头。青天外，白鹭洲，暮鸦斜照水悠悠。
> 克武（熊克武）

十年一剑
> 精卫（汪精卫）

齐王不忘一饭恩
> 天仇（戴季陶）

气愤风云
> 希闵（王希闵）

高瞻远瞩
> 殷汝骊

慎终
> 其美（陈其美）

磊落光明
> 继虞（陈继虞）

十年长剑哭英雄
　　　桐（田桐）

正气
　　　江映枢

公正无私
　　　陈强

文字因缘
　　　章士钊

慎德修行
　　　华经

心佛众生三平等
　　　刘亚休

仁智
　　　朱超

时势造英雄
　　　朱镜清

东海虬髯
　　　杜仲虑（杜羲）

诚
　　　张孝准

老白狼，白狼老，平民说我白狼好。二年来三边，贫富均匀了。录《白琅军歌》
　　　彦章

谓之天均
　　　烈钧　甲子秋

提携
　　　邓铿

义侠
　　　燧

白氃一举旧图恢
　　殷汝耕
励志
　　慎如
今宵酒醒何处
　　天烔（何天烔）
吾道不孤
　　韩恢
义侠
　　凤岐
大公无私
　　曾省三
雅人深致
　　愿
磊落
　　张群
所谓伊人，在水一方
　　柏文蔚
东方两人
　　钱通

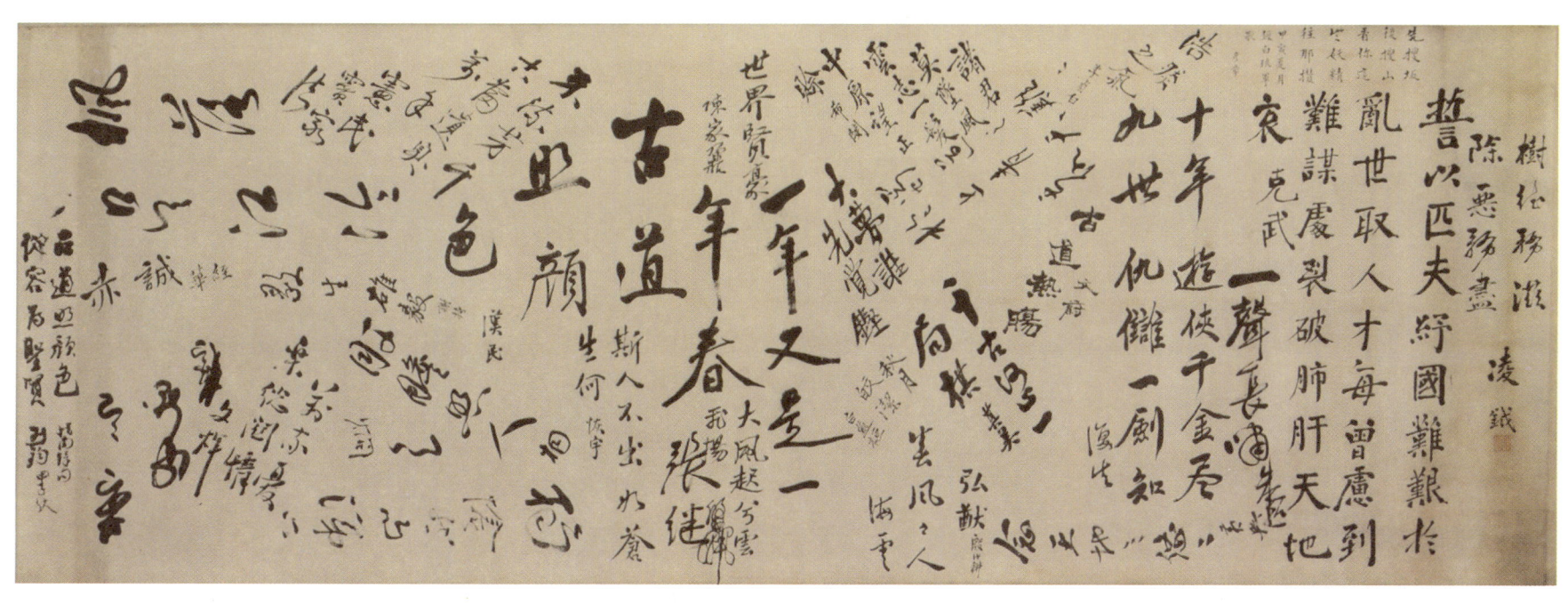

众民国人物题字

释读

树德务滋，除恶务尽
　　凌钺

誓以匹夫抒国难，艰于乱世取人才。每曾虑到难谋处，裂破肺肝天地哀。
　　克武（熊克武）

先搜坂，后搜山，看你这些妖精往哪攒！甲寅夏月录《白琅军歌》
　　彦章

一声长啸
　　朱超

浩然之气
　　李贞白

十年游侠千金尽，九世仇雠一剑知
　　复生（黄复生）

古道热肠
　　文蔚（柏文蔚）

诸君莫坠风云志，一发中原望正赊
　　希闵（王希闵）

蜀道之难难于上青天
　　天仇（戴季陶）

千古河山一局棋
　　其美（陈其美）

弘猷
　　殷汝耕

春风风人
　　海云

大梦谁先觉
　　铿

秋月皎洁
　　　白逾桓
一年又是一年春
　　　张继
世界贤豪
　　　陈家鼐
大风起兮云飞扬
　　　殷汝骊
古道照颜色
　　　汉民（胡汉民）
斯人不出，如苍生何
　　　恢宇（何恢宇）
不流芳千古，当遗臭万年
　　　宪民窦家法
雄毅
　　　谢持
肝胆照人
　　　桐（田桐）
枫落吴江冷
　　　毅生（胡毅生）
赤诚
　　　华经（朱华经）
万家忧乐总关情
　　　文烨
简言也德
　　　执信（朱执信）
念天地之悠悠
　　　黄兴

独怆然而涕下
　　天炯（何天炯）
古道照颜色，从容为圣贤。《指南录》句
　　烈钧（李烈钧）　甲子秋